Keep going, Das Tagebuch gegen Depression – Lily Anne Reyes

AF161034

Lily Anne Reyes

keep going!

Das Tagebuch gegen Depression

- Zum Ausfüllen und Ankreuzen -

Bibliografische Information der Deutschen Nationalbibliothek: Die Deutsche Nationalbibliothek verzeichnet diese Publikation in der Deutschen Nationalbibliografie; detaillierte bibliografische Daten sind im Internet über dnb.dnb.de abrufbar.

© 2024 Lily Anne Reyes
Verlag: BoD · Books on Demand GmbH,
In de Tarpen 42, 22848 Norderstedt
Druck: Libri Plureos GmbH, Friedensallee 273, 22763 Hamburg

ISBN: 978-3-7347-9239-7

Heute ist ein neuer Tag!

Datum: .... aufgestanden um
Wochentag: ....Uhr
                                 insg. Schlafdauer
eingeschlafen um   .....h........min
............Uhr

Ich habe heute ☐ gut geschlafen ☐ schlecht geschlafen wegen

☐ Alpträumen   ☐ Durchschlafstörungen
☐ Einschlafstörungen   ☐ frühzeitiges Aufwachen

<u>Mood tracker:</u>

Energie ..../10   Traurigkeit....../10   Verzweiflung...../10
Freude ....../10   Scham ....../10
Antrieb ....../10   Anspannung ....../10   Angst ....../10
                                                Schuld ....../10

Welche Gedanken sind gerade besonders präsent?

....
....
....

Sind diese Gedanken (wirklich) realistisch?

....
....

Reminder: Du bist nicht deine Gedanken! Sie können dir nichts tun! Versuche dich von ihnen zu distanzieren, wenn sie dir nicht guttun. Achte auf dich!

Darauf freue ich mich heute besonders:

....
....

Diese postitive(n) Aktivität(en) möchte ich heute machen:

....
....
....

Was für ein ToDo möchte ich heute unbedingt umsetzen?

....
....

Wenn ich das erledigt habe, gönne ich mir das Folgende:

....

Etwas Schönes, das ich mir schon viel zu lange nicht mehr selbst gesagt habe und es hiermit tue:

....
....

Geplante Soziale Kontakte für heute:

telefonieren:..
Sozial Media:..
Reallife:...

Um diese Uhrzeit möchte ich heute an die frische Luft gehen: ....Uhr

Atme einmal tief durch. Schließe deine Augen. Richte dann deine Aufmerksamkeit auf dein Innerstes. Welche zwei Gefühle sind gerade in dir präsent?

....

....

Wie äußern sich diese Gefühle körperlich?

....

....

Woher könnten sie kommen?

....

....

....

....

Raum für deine Gedanken und Notizen:

....
....
....
....
....
....
....

Hab einen schönen Tag und versuche etwas Schönes in ihm zu sehen! Bleib stark!

Der heutige Tag neigt sich dem Ende zu

Habe ich das ToDo erledigt, das ich machen wollte? ☐ Ja
☐ Nein
Wenn nein, was habe ich stattdessen getan?

....
....

Bin ich heute an der frischen Luft gewesen? ☐ Ja ☐
Nein
Wenn nein, warum nicht?

....

Bin ich heute körperlich aktiv gewesen? Wenn ja, was habe ich gemacht?

....

Was habe ich heute für die Pflege meines Körpers getan?

....

Habe ich mir heute etwas Gutes getan? Wenn ja, was? Wenn nein, warum nicht?

....
....

Welche positiven Aktivitäten habe ich heute gemacht? Was habe ich heute gemacht, das mir (früher) Freude gemacht hat?

....
....

Habe ich heute soziale Kontakte gepflegt? Wenn nein, warum? Wenn ja, mit wem?

....

Habe ich heute auf meine Grenzen geachtet? Oder habe ich stattdessen etwas gemacht, bei dem ich lieber „Nein" hätte sagen sollen? In welchen Situationen?

....
....
....

Wann ging es mir heute besonders gut und warum?

....
....
....

Freue ich mich morgen auf etwas bestimmtes? Auf was?

....
....

Werde ich morgen etwas anders machen als heute? Wenn ja, was?

....
....

Das kann ich tun, wenn ich heute nicht einschlafen kann:

....
....

<u>Mood tracker:</u>

Energie ...../10
Freude ...../10
Antrieb ...../10

Traurigkeit ...../10
Anspannung ...../10

Verzweiflung...../10
Scham ...../10
Angst ...../10
Schuld ...../10

Atme einmal tief durch. Schließe deine Augen. Richte dann deine Aufmerksamkeit auf dein Innerstes. Welche drei Gefühle sind gerade vorrangig in dir präsent?

....
....
....

Das hat mich heute am meisten beschäftigt:

....
....
....

Damit darf ich heute abschließen. Morgen kann ich mir darüber noch immer Gedanken machen. Jetzt darf ich aber zur Ruhe kommen.

Raum für Gedanken und Notizen:

....
....
....
....
....
....
....

Heute ist ein neuer Tag!

Datum: .... aufgestanden um
Wochentag: ....Uhr

eingeschlafen um
.............Uhr

insg. Schlafdauer
......h........min

Ich habe heute ☐ gut geschlafen ☐ schlecht geschlafen wegen

☐ Alpträumen ☐ Durchschlafstörungen
☐ Einschlafstörungen ☐ frühzeitiges Aufwachen

Mood tracker:

Energie ..../10   Traurigkeit......./10   Verzweiflung....../10
Freude ..../10   Anspannung ....../10   Scham ....../10
Antrieb ..../10   Angst ....../10
                                             Schuld ....../10

Welche Gedanken sind gerade besonders präsent?

....
....
....

Sind diese Gedanken (wirklich) realistisch?

....
....

Reminder: Du bist nicht deine Gedanken! Sie können dir nichts tun! Versuche dich von ihnen zu distanzieren, wenn sie dir nicht guttun. Achte auf dich!

Darauf freue ich mich heute besonders:

....
....

Diese postitive(n) Aktivität(en) möchte ich heute machen:

....
....
....

Was für ein ToDo möchte ich heute unbedingt umsetzen?

....
....

Wenn ich das erledigt habe, gönne ich mir das Folgende:

....

Etwas Schönes, das ich mir schon viel zu lange nicht mehr selbst gesagt habe und es hiermit tue:

....
....

Geplante Soziale Kontakte für heute:

telefonieren:..
Sozial Media:..
Reallife:..

Um diese Uhrzeit möchte ich heute an die frische Luft gehen: ....Uhr

Atme einmal tief durch. Schließe deine Augen. Richte dann deine Aufmerksamkeit auf dein Innerstes. Welche zwei Gefühle sind gerade in dir präsent?

....
....

Wie äußern sich diese Gefühle körperlich?

....
....

Woher könnten sie kommen?

....
....
....
....

Raum für deine Gedanken und Notizen:

....
....
....
....
....
....
....

Hab einen schönen Tag und versuche etwas Schönes in ihm zu sehen! Bleib stark!

Der heutige Tag neigt sich dem Ende zu

Habe ich das ToDo erledigt, das ich machen wollte?   ☐ Ja ☐ Nein
Wenn nein, was habe ich stattdessen getan?

....
....

Bin ich heute an der frischen Luft gewesen?   ☐ Ja ☐ Nein
Wenn nein, warum nicht?

....

Bin ich heute körperlich aktiv gewesen? Wenn ja, was habe ich gemacht?

....

Was habe ich heute für die Pflege meines Körpers getan?

....

Habe ich mir heute etwas Gutes getan? Wenn ja, was? Wenn nein, warum nicht?

....
....

Welche positiven Aktivitäten habe ich heute gemacht? Was habe ich heute gemacht, das mir (früher) Freude gemacht hat?

....
....

Habe ich heute soziale Kontakte gepflegt? Wenn nein, warum? Wenn ja, mit wem?

....

Habe ich heute auf meine Grenzen geachtet? Oder habe ich stattdessen etwas gemacht, bei dem ich lieber „Nein" hätte sagen sollen? In welchen Situationen?

....
....
....

Wann ging es mir heute besonders gut und warum?

....
....
....

Freue ich mich morgen auf etwas bestimmtes? Auf was?

....
....

Werde ich morgen etwas anders machen als heute? Wenn ja, was?

....
....

Das kann ich tun, wenn ich heute nicht einschlafen kann:

....
....

<u>Mood tracker:</u>

Energie ...../10   Traurigkeit   Verzweiflung...../10
Freude ...../10   ...../10   Scham ...../10
Antrieb ...../10   Anspannung   Angst ...../10
                   ...../10   Schuld ...../10

Atme einmal tief durch. Schließe deine Augen. Richte dann deine Aufmerksamkeit auf dein Innerstes. Welche drei Gefühle sind gerade vorrangig in dir präsent?

....
....
....

Das hat mich heute am meisten beschäftigt:

....
....
....

Damit darf ich heute abschließen. Morgen kann ich mir darüber noch immer Gedanken machen. Jetzt darf ich aber zur Ruhe kommen.

Raum für Gedanken und Notizen:

....
....
....
....
....
....
....

Heute ist ein neuer Tag!

Datum: .... aufgestanden um ....Uhr
Wochentag: ....

eingeschlafen um insg. Schlafdauer
............Uhr .....h........min

Ich habe heute ☐ gut geschlafen ☐ schlecht geschlafen wegen

☐ Alpträume ☐ Durchschlafstörungen
☐ Einschlafstörungen ☐ frühzeitiges Aufwachen

Mood tracker:

Energie ....../10 Traurigkeit....../10 Verzweiflung...../10
Freude ...../10 Anspannung ...../10 Scham ...../10
Antrieb ...../10   Angst ...../10
   Schuld ...../10

Welche Gedanken sind gerade besonders präsent?

....
....
....

Sind diese Gedanken (wirklich) realistisch?

....
....

<u>Reminder:</u> Du bist nicht deine Gedanken! Sie können dir nichts tun! Versuche dich von ihnen zu distanzieren, wenn sie dir nicht guttun. Achte auf dich!

Darauf freue ich mich heute besonders:

....
....

Diese postitive(n) Aktivität(en) möchte ich heute machen:

....
....
....

Was für ein ToDo möchte ich heute unbedingt umsetzen?

....
....

Wenn ich das erledigt habe, gönne ich mir das Folgende:

....

Etwas Schönes, das ich mir schon viel zu lange nicht mehr selbst gesagt habe und es hiermit tue:

....
....

Geplante Soziale Kontakte für heute:

telefonieren:..
Sozial Media:..
Reallife:..

Um diese Uhrzeit möchte ich heute an die frische Luft gehen: ....Uhr

Atme einmal tief durch. Schließe deine Augen. Richte dann deine Aufmerksamkeit auf dein Innerstes. Welche zwei Gefühle sind gerade in dir präsent?

....
....

Wie äußern sich diese Gefühle körperlich?

....
....

Woher könnten sie kommen?

....
....
....
....

Raum für deine Gedanken und Notizen:

....
....
....
....
....
....
....

Hab einen schönen Tag und versuche etwas Schönes in ihm zu sehen! Bleib stark!

Der heutige Tag neigt sich dem Ende zu

Habe ich das ToDo erledigt, das ich machen wollte?   ☐ Ja
☐ Nein
Wenn nein, was habe ich stattdessen getan?

....
....

Bin ich heute an der frischen Luft gewesen?   ☐ Ja ☐ Nein
Wenn nein, warum nicht?

....

Bin ich heute körperlich aktiv gewesen? Wenn ja, was habe ich gemacht?

....

Was habe ich heute für die Pflege meines Körpers getan?

....

Habe ich mir heute etwas Gutes getan? Wenn ja, was? Wenn nein, warum nicht?

....
....

Welche positiven Aktivitäten habe ich heute gemacht? Was habe ich heute gemacht, das mir (früher) Freude gemacht hat?

....
....

Habe ich heute soziale Kontakte gepflegt? Wenn nein, warum? Wenn ja, mit wem?

....

Habe ich heute auf meine Grenzen geachtet? Oder habe ich stattdessen etwas gemacht, bei dem ich lieber „Nein" hätte sagen sollen? In welchen Situationen?

....
....
....

Wann ging es mir heute besonders gut und warum?

....
....
....

Freue ich mich morgen auf etwas bestimmtes? Auf was?

....
....

Werde ich morgen etwas anders machen als heute? Wenn ja, was?

....
....

Das kann ich tun, wenn ich heute nicht einschlafen kann:

....
....

<u>Mood tracker:</u>

Energie ...../10 Traurigkeit Verzweiflung...../10
Freude ...../10 ...../10 Scham ...../10
Antrieb ...../10 Anspannung Angst ...../10
 ...../10 Schuld ...../10

Atme einmal tief durch. Schließe deine Augen. Richte dann deine Aufmerksamkeit auf dein Innerstes. Welche drei Gefühle sind gerade vorrangig in dir präsent?

....
....
....

Das hat mich heute am meisten beschäftigt:

....
....
....

Damit darf ich heute abschließen. Morgen kann ich mir darüber noch immer Gedanken machen. Jetzt darf ich aber zur Ruhe kommen.

Raum für Gedanken und Notizen:

....
....
....
....
....
....
....

Heute ist ein neuer Tag!

Datum: .... aufgestanden um
Wochentag: ....Uhr

eingeschlafen um   insg. Schlafdauer
............Uhr   .....h........min

Ich habe heute ☐ gut geschlafen ☐ schlecht geschlafen wegen

☐ Alpträumen   ☐ Durchschlafstörungen
☐ Einschlafstörungen   ☐ frühzeitiges Aufwachen

Mood tracker:

Energie ..../10   Traurigkeit......./10   Verzweiflung....../10
Freude ....../10   Scham ...../10
Antrieb ...../10   Anspannung ...../10   Angst ...../10
                                             Schuld ...../10

Welche Gedanken sind gerade besonders präsent?

....
....
....

Sind diese Gedanken (wirklich) realistisch?

....
....

Reminder: Du bist nicht deine Gedanken! Sie können dir nichts tun! Versuche dich von ihnen zu distanzieren, wenn sie dir nicht guttun. Achte auf dich!

Darauf freue ich mich heute besonders:

....
....

Diese postitive(n) Aktivität(en) möchte ich heute machen:

....
....
....

Was für ein ToDo möchte ich heute unbedingt umsetzen?

....
....

Wenn ich das erledigt habe, gönne ich mir das Folgende:

....

Etwas Schönes, das ich mir schon viel zu lange nicht mehr selbst gesagt habe und es hiermit tue:

....
....

Geplante Soziale Kontakte für heute:

telefonieren:...
Sozial Media:...
Reallife:...

Um diese Uhrzeit möchte ich heute an die frische Luft gehen: ....Uhr

Atme einmal tief durch. Schließe deine Augen. Richte dann deine Aufmerksamkeit auf dein Innerstes. Welche zwei Gefühle sind gerade in dir präsent?

....
....

Wie äußern sich diese Gefühle körperlich?

....
....

Woher könnten sie kommen?

....
....
....
....

Raum für deine Gedanken und Notizen:

....
....
....
....
....
....
....

Hab einen schönen Tag und versuche etwas Schönes in ihm zu sehen! Bleib stark!

Der heutige Tag neigt sich dem Ende zu

Habe ich das ToDo erledigt, das ich machen wollte? ☐ Ja ☐ Nein
Wenn nein, was habe ich stattdessen getan?

....

....

Bin ich heute an der frischen Luft gewesen? ☐ Ja ☐ Nein
Wenn nein, warum nicht?

....

Bin ich heute körperlich aktiv gewesen? Wenn ja, was habe ich gemacht?

....

Was habe ich heute für die Pflege meines Körpers getan?

....

Habe ich mir heute etwas Gutes getan? Wenn ja, was? Wenn nein, warum nicht?

....

....

Welche positiven Aktivitäten habe ich heute gemacht? Was habe ich heute gemacht, das mir (früher) Freude gemacht hat?

....

....

Habe ich heute soziale Kontakte gepflegt? Wenn nein, warum? Wenn ja, mit wem?

....

Habe ich heute auf meine Grenzen geachtet? Oder habe ich stattdessen etwas gemacht, bei dem ich lieber „Nein" hätte sagen sollen? In welchen Situationen?

....
....
....

Wann ging es mir heute besonders gut und warum?

....
....
....

Freue ich mich morgen auf etwas bestimmtes? Auf was?

....
....

Werde ich morgen etwas anders machen als heute? Wenn ja, was?

....
....

Das kann ich tun, wenn ich heute nicht einschlafen kann:

....
....

<u>Mood tracker:</u>

Energie ...../10 Traurigkeit ...../10 Verzweiflung...../10
Freude ...../10 Anspannung ...../10 Scham ...../10
Antrieb ...../10 Angst ...../10
Schuld ...../10

Atme einmal tief durch. Schließe deine Augen. Richte dann deine Aufmerksamkeit auf dein Innerstes. Welche drei Gefühle sind gerade vorrangig in dir präsent?

....
....
....

Das hat mich heute am meisten beschäftigt:

....
....
....

Damit darf ich heute abschließen. Morgen kann ich mir darüber noch immer Gedanken machen. Jetzt darf ich aber zur Ruhe kommen.

Raum für Gedanken und Notizen:

....
....
....
....
....
....
....

Heute ist ein neuer Tag!

Datum: ....
Wochentag: ....
eingeschlafen um ....Uhr
aufgestanden um ....Uhr
insg. Schlafdauer .....h........min

Ich habe heute ☐ gut geschlafen ☐ schlecht geschlafen wegen

☐ Alpträumen ☐ Durchschlafstörungen
☐ Einschlafstörungen ☐ frühzeitiges Aufwachen

Mood tracker:

Energie ....../10 Traurigkeit....../10 Verzweiflung...../10
Freude ...../10 Anspannung ...../10 Scham ...../10
Antrieb ...../10   Angst ...../10
    Schuld ...../10

Welche Gedanken sind gerade besonders präsent?

....
....
....

Sind diese Gedanken (wirklich) realistisch?

....
....

<u>Reminder:</u> Du bist nicht deine Gedanken! Sie können dir nichts tun! Versuche dich von ihnen zu distanzieren, wenn sie dir nicht guttun. Achte auf dich!

Darauf freue ich mich heute besonders:

....
....

Diese postitive(n) Aktivität(en) möchte ich heute machen:

....
....
....

Was für ein ToDo möchte ich heute unbedingt umsetzen?

....
....

Wenn ich das erledigt habe, gönne ich mir das Folgende:

....

Etwas Schönes, das ich mir schon viel zu lange nicht mehr selbst gesagt habe und es hiermit tue:

....
....

Geplante Soziale Kontakte für heute:

telefonieren:..
Sozial Media:..
Reallife:..

Um diese Uhrzeit möchte ich heute an die frische Luft gehen: ....Uhr

Atme einmal tief durch. Schließe deine Augen. Richte dann deine Aufmerksamkeit auf dein Innerstes. Welche zwei Gefühle sind gerade in dir präsent?

....
....

Wie äußern sich diese Gefühle körperlich?

....
....

Woher könnten sie kommen?

....
....
....
....

Raum für deine Gedanken und Notizen:

....
....
....
....
....
....
....

Hab einen schönen Tag und versuche etwas Schönes in ihm zu sehen! Bleib stark!

Der heutige Tag neigt sich dem Ende zu

Habe ich das ToDo erledigt, das ich machen wollte?   ☐ Ja ☐ Nein
Wenn nein, was habe ich stattdessen getan?

....

....

Bin ich heute an der frischen Luft gewesen?   ☐ Ja ☐ Nein
Wenn nein, warum nicht?

....

Bin ich heute körperlich aktiv gewesen? Wenn ja, was habe ich gemacht?

....

Was habe ich heute für die Pflege meines Körpers getan?

....

Habe ich mir heute etwas Gutes getan? Wenn ja, was? Wenn nein, warum nicht?

....

....

Welche positiven Aktivitäten habe ich heute gemacht? Was habe ich heute gemacht, das mir (früher) Freude gemacht hat?

....

....

Habe ich heute soziale Kontakte gepflegt? Wenn nein, warum? Wenn ja, mit wem?

....

Habe ich heute auf meine Grenzen geachtet? Oder habe ich stattdessen etwas gemacht, bei dem ich lieber „Nein" hätte sagen sollen? In welchen Situationen?

....
....
....

Wann ging es mir heute besonders gut und warum?

....
....
....

Freue ich mich morgen auf etwas bestimmtes? Auf was?

....
....

Werde ich morgen etwas anders machen als heute? Wenn ja, was?

....
....

Das kann ich tun, wenn ich heute nicht einschlafen kann:

....
....

<u>Mood tracker:</u>

Energie ...../10   Traurigkeit   Verzweiflung...../10
Freude ...../10   ...../10
Antrieb ...../10   Anspannung   Scham ...../10
                      ...../10   Angst ...../10
                                           Schuld ...../10

Atme einmal tief durch. Schließe deine Augen. Richte dann deine Aufmerksamkeit auf dein Innerstes. Welche drei Gefühle sind gerade vorrangig in dir präsent?

....
....
....

Das hat mich heute am meisten beschäftigt:

....
....
....

Damit darf ich heute abschließen. Morgen kann ich mir darüber noch immer Gedanken machen. Jetzt darf ich aber zur Ruhe kommen.

Raum für Gedanken und Notizen:

....
....
....
....
....
....
....

Heute ist ein neuer Tag!

Datum: ....
Wochentag: ....

aufgestanden um ....Uhr

eingeschlafen um ....Uhr

insg. Schlafdauer .....h........min

Ich habe heute ☐ gut geschlafen ☐ schlecht geschlafen wegen

☐ Alpträumen ☐ Durchschlafstörungen
☐ Einschlafstörungen ☐ frühzeitiges Aufwachen

Mood tracker:

Energie ..../10
Freude ....../10
Antrieb ....../10

Traurigkeit......./10
Anspannung ...../10

Verzweiflung...../10
Scham ....../10
Angst ....../10
Schuld ....../10

Welche Gedanken sind gerade besonders präsent?

....
....
....

Sind diese Gedanken (wirklich) realistisch?

....
....

Reminder: Du bist nicht deine Gedanken! Sie können dir nichts tun! Versuche dich von ihnen zu distanzieren, wenn sie dir nicht guttun. Achte auf dich!

Darauf freue ich mich heute besonders:

....
....

Diese postitive(n) Aktivität(en) möchte ich heute machen:

....
....
....

Was für ein ToDo möchte ich heute unbedingt umsetzen?

....
....

Wenn ich das erledigt habe, gönne ich mir das Folgende:

....

Etwas Schönes, das ich mir schon viel zu lange nicht mehr selbst gesagt habe und es hiermit tue:

....
....

Geplante Soziale Kontakte für heute:

telefonieren:...
Sozial Media:...
Reallife:..

Um diese Uhrzeit möchte ich heute an die frische Luft gehen: ....Uhr

Atme einmal tief durch. Schließe deine Augen. Richte dann deine Aufmerksamkeit auf dein Innerstes. Welche zwei Gefühle sind gerade in dir präsent?

....

....

Wie äußern sich diese Gefühle körperlich?

....

....

Woher könnten sie kommen?

....

....

....

....

Raum für deine Gedanken und Notizen:

....
....
....
....
....
....
....

Hab einen schönen Tag und versuche etwas Schönes in ihm zu sehen! Bleib stark!

Der heutige Tag neigt sich dem Ende zu

Habe ich das ToDo erledigt, das ich machen wollte?   ☐ Ja ☐ Nein
Wenn nein, was habe ich stattdessen getan?

....

....

Bin ich heute an der frischen Luft gewesen?   ☐ Ja ☐ Nein
Wenn nein, warum nicht?

....

Bin ich heute körperlich aktiv gewesen? Wenn ja, was habe ich gemacht?

....

Was habe ich heute für die Pflege meines Körpers getan?

....

Habe ich mir heute etwas Gutes getan? Wenn ja, was? Wenn nein, warum nicht?

....

....

Welche positiven Aktivitäten habe ich heute gemacht? Was habe ich heute gemacht, das mir (früher) Freude gemacht hat?

....

....

Habe ich heute soziale Kontakte gepflegt? Wenn nein, warum? Wenn ja, mit wem?

....

Habe ich heute auf meine Grenzen geachtet? Oder habe ich stattdessen etwas gemacht, bei dem ich lieber „Nein" hätte sagen sollen? In welchen Situationen?

....
....
....

Wann ging es mir heute besonders gut und warum?

....
....
....

Freue ich mich morgen auf etwas bestimmtes? Auf was?

....
....

Werde ich morgen etwas anders machen als heute? Wenn ja, was?

....
....

Das kann ich tun, wenn ich heute nicht einschlafen kann:

....
....

<u>Mood tracker:</u>

Energie ...../10   Traurigkeit   Verzweiflung...../10
Freude ...../10   ...../10   Scham ...../10
Antrieb ...../10   Anspannung   Angst ...../10
                     ...../10   Schuld ...../10

Atme einmal tief durch. Schließe deine Augen. Richte dann deine Aufmerksamkeit auf dein Innerstes. Welche drei Gefühle sind gerade vorrangig in dir präsent?

....
....
....

Das hat mich heute am meisten beschäftigt:

....
....
....

Damit darf ich heute abschließen. Morgen kann ich mir darüber noch immer Gedanken machen. Jetzt darf ich aber zur Ruhe kommen.

Raum für Gedanken und Notizen:

....
....
....
....
....
....
....

Heute ist ein neuer Tag!

Datum: …………………… aufgestanden um
Wochentag: ………………… …………Uhr

eingeschlafen um insg. Schlafdauer
…………Uhr ……h……..min

Ich habe heute ☐ gut geschlafen ☐ schlecht geschlafen wegen

☐ Alpträumen ☐ Durchschlafstörungen
☐ Einschlafstörungen ☐ frühzeitiges Aufwachen

Mood tracker:

Energie ……/10 Traurigkeit……/10 Verzweiflung…../10
Freude …../10 Anspannung …../10 Scham …../10
Antrieb …../10   Angst …../10
    Schuld …../10

Welche Gedanken sind gerade besonders präsent?

……
……
……………………………………………………………………………………………………

Sind diese Gedanken (wirklich) realistisch?

……
………………………………………………………………

Reminder: Du bist nicht deine Gedanken! Sie können dir nichts tun! Versuche dich von ihnen zu distanzieren, wenn sie dir nicht guttun. Achte auf dich!

Darauf freue ich mich heute besonders:

....
....

Diese postitive(n) Aktivität(en) möchte ich heute machen:

....
....
....

Was für ein ToDo möchte ich heute unbedingt umsetzen?

....
....

Wenn ich das erledigt habe, gönne ich mir das Folgende:

....

Etwas Schönes, das ich mir schon viel zu lange nicht mehr selbst gesagt habe und es hiermit tue:

....
....

Geplante Soziale Kontakte für heute:

telefonieren:..
Sozial Media:..
Reallife:..

Um diese Uhrzeit möchte ich heute an die frische Luft gehen:
............Uhr

Atme einmal tief durch. Schließe deine Augen. Richte dann deine Aufmerksamkeit auf dein Innerstes. Welche zwei Gefühle sind gerade in dir präsent?

....
....

Wie äußern sich diese Gefühle körperlich?

....
....

Woher könnten sie kommen?

....
....
....
....

Raum für deine Gedanken und Notizen:

....
....
....
....
....
....
....

Hab einen schönen Tag und versuche etwas Schönes in ihm zu sehen! Bleib stark!

Der heutige Tag neigt sich dem Ende zu

Habe ich das ToDo erledigt, das ich machen wollte?   ☐ Ja ☐ Nein

Wenn nein, was habe ich stattdessen getan?

....

....

Bin ich heute an der frischen Luft gewesen?   ☐ Ja ☐ Nein

Wenn nein, warum nicht?

....

Bin ich heute körperlich aktiv gewesen? Wenn ja, was habe ich gemacht?

....

Was habe ich heute für die Pflege meines Körpers getan?

....

Habe ich mir heute etwas Gutes getan? Wenn ja, was? Wenn nein, warum nicht?

....

....

Welche positiven Aktivitäten habe ich heute gemacht? Was habe ich heute gemacht, das mir (früher) Freude gemacht hat?

....

....

Habe ich heute soziale Kontakte gepflegt? Wenn nein, warum? Wenn ja, mit wem?

....

Habe ich heute auf meine Grenzen geachtet? Oder habe ich stattdessen etwas gemacht, bei dem ich lieber „Nein" hätte sagen sollen? In welchen Situationen?

....
....
....

Wann ging es mir heute besonders gut und warum?

....
....
....

Freue ich mich morgen auf etwas bestimmtes? Auf was?

....
....

Werde ich morgen etwas anders machen als heute? Wenn ja, was?

....
....

Das kann ich tun, wenn ich heute nicht einschlafen kann:

....
....

<u>Mood tracker:</u>

Energie ...../10
Freude ...../10
Antrieb ...../10

Traurigkeit ...../10
Anspannung ...../10

Verzweiflung...../10
Scham ...../10
Angst ...../10
Schuld ...../10

Atme einmal tief durch. Schließe deine Augen. Richte dann deine Aufmerksamkeit auf dein Innerstes. Welche drei Gefühle sind gerade vorrangig in dir präsent?

....
....
....

Das hat mich heute am meisten beschäftigt:

....
....
....

Damit darf ich heute abschließen. Morgen kann ich mir darüber noch immer Gedanken machen. Jetzt darf ich aber zur Ruhe kommen.

Raum für Gedanken und Notizen:

....
....
....
....
....
....
....

Heute ist ein neuer Tag!

Datum: .... aufgestanden um
Wochentag: ....Uhr

eingeschlafen um   insg. Schlafdauer
............Uhr   .....h........min

Ich habe heute ☐ gut geschlafen ☐ schlecht geschlafen wegen

☐ Alpträumen ☐ Durchschlafstörungen
☐ Einschlafstörungen ☐ frühzeitiges Aufwachen

<u>Mood tracker:</u>

Energie ....../10   Traurigkeit....../10   Verzweiflung...../10
Freude ....../10   Anspannung ....../10   Scham ....../10
Antrieb ....../10   Angst ....../10
                                             Schuld ....../10

Welche Gedanken sind gerade besonders präsent?

....
....
....

Sind diese Gedanken (wirklich) realistisch?

....
....

<u>Reminder:</u> Du bist nicht deine Gedanken! Sie können dir nichts tun! Versuche dich von ihnen zu distanzieren, wenn sie dir nicht guttun. Achte auf dich!

Darauf freue ich mich heute besonders:

....
....

Diese postitive(n) Aktivität(en) möchte ich heute machen:

....
....
....

Was für ein ToDo möchte ich heute unbedingt umsetzen?

....
....

Wenn ich das erledigt habe, gönne ich mir das Folgende:

....

Etwas Schönes, das ich mir schon viel zu lange nicht mehr selbst gesagt habe und es hiermit tue:

....
....

Geplante Soziale Kontakte für heute:

telefonieren:..
Sozial Media:..
Reallife:...

Um diese Uhrzeit möchte ich heute an die frische Luft gehen: ....Uhr

Atme einmal tief durch. Schließe deine Augen. Richte dann deine Aufmerksamkeit auf dein Innerstes. Welche zwei Gefühle sind gerade in dir präsent?

....

....

Wie äußern sich diese Gefühle körperlich?

....

....

Woher könnten sie kommen?

....

....

....

....

Raum für deine Gedanken und Notizen:

....
....
....
....
....
....
....

Hab einen schönen Tag und versuche etwas Schönes in ihm zu sehen! Bleib stark!

Der heutige Tag neigt sich dem Ende zu

Habe ich das ToDo erledigt, das ich machen wollte? ☐ Ja ☐ Nein
Wenn nein, was habe ich stattdessen getan?

....
....

Bin ich heute an der frischen Luft gewesen? ☐ Ja ☐ Nein
Wenn nein, warum nicht?

....

Bin ich heute körperlich aktiv gewesen? Wenn ja, was habe ich gemacht?

....

Was habe ich heute für die Pflege meines Körpers getan?

....

Habe ich mir heute etwas Gutes getan? Wenn ja, was? Wenn nein, warum nicht?

....
....

Welche positiven Aktivitäten habe ich heute gemacht? Was habe ich heute gemacht, das mir (früher) Freude gemacht hat?

....
....

Habe ich heute soziale Kontakte gepflegt? Wenn nein, warum? Wenn ja, mit wem?

....

Habe ich heute auf meine Grenzen geachtet? Oder habe ich stattdessen etwas gemacht, bei dem ich lieber „Nein" hätte sagen sollen? In welchen Situationen?

....
....
....

Wann ging es mir heute besonders gut und warum?

....
....
....

Freue ich mich morgen auf etwas bestimmtes? Auf was?

....
....

Werde ich morgen etwas anders machen als heute? Wenn ja, was?

....
....

Das kann ich tun, wenn ich heute nicht einschlafen kann:

....
....

<u>Mood tracker:</u>

Energie ...../10   Traurigkeit   Verzweiflung...../10
Freude ...../10   ...../10
Antrieb ...../10   Anspannung   Scham ...../10
                     ...../10   Angst ...../10
                                       Schuld ...../10

Atme einmal tief durch. Schließe deine Augen. Richte dann deine Aufmerksamkeit auf dein Innerstes. Welche drei Gefühle sind gerade vorrangig in dir präsent?

....
....
....

Das hat mich heute am meisten beschäftigt:

....
....
....

Damit darf ich heute abschließen. Morgen kann ich mir darüber noch immer Gedanken machen. Jetzt darf ich aber zur Ruhe kommen.

Raum für Gedanken und Notizen:

....
....
....
....
....
....
....

Heute ist ein neuer Tag!

Datum: ……………………
Wochentag: …………………

eingeschlafen um
…………Uhr

aufgestanden um
…………Uhr

insg. Schlafdauer
……h……..min

Ich habe heute ☐ gut geschlafen ☐ schlecht geschlafen wegen

☐ Albträumen ☐ Durchschlafstörungen
☐ Einschlafstörungen ☐ frühzeitiges Aufwachen

Mood tracker:

Energie ……/10
Freude ……/10
Antrieb ……/10

Traurigkeit……/10
Anspannung ……/10

Verzweiflung……/10
Scham ……/10
Angst ……/10
Schuld ……/10

Welche Gedanken sind gerade besonders präsent?

………………………………………………………………………………………………………
………………………………………………………………………………………………………
………………………………………………………………………………………………

Sind diese Gedanken (wirklich) realistisch?

………………………………………………………………………………………………………
………………………………………………………

<u>Reminder:</u> Du bist nicht deine Gedanken! Sie können dir nichts tun! Versuche dich von ihnen zu distanzieren, wenn sie dir nicht guttun. Achte auf dich!

Darauf freue ich mich heute besonders:

....
....

Diese postitive(n) Aktivität(en) möchte ich heute machen:

....
....
....

Was für ein ToDo möchte ich heute unbedingt umsetzen?

....
....

Wenn ich das erledigt habe, gönne ich mir das Folgende:

....

Etwas Schönes, das ich mir schon viel zu lange nicht mehr selbst gesagt habe und es hiermit tue:

....
....

Geplante Soziale Kontakte für heute:

telefonieren:..
Sozial Media:..
Reallife:..

Um diese Uhrzeit möchte ich heute an die frische Luft gehen: ....Uhr

Atme einmal tief durch. Schließe deine Augen. Richte dann deine Aufmerksamkeit auf dein Innerstes. Welche zwei Gefühle sind gerade in dir präsent?

....
....

Wie äußern sich diese Gefühle körperlich?

....
....

Woher könnten sie kommen?

....
....
....
....

Raum für deine Gedanken und Notizen:

....
....
....
....
....
....
....

Hab einen schönen Tag und versuche etwas Schönes in ihm zu sehen! Bleib stark!

Der heutige Tag neigt sich dem Ende zu

Habe ich das ToDo erledigt, das ich machen wollte?   ☐ Ja ☐ Nein

Wenn nein, was habe ich stattdessen getan?

....
....

Bin ich heute an der frischen Luft gewesen?   ☐ Ja ☐ Nein

Wenn nein, warum nicht?

....

Bin ich heute körperlich aktiv gewesen? Wenn ja, was habe ich gemacht?

....

Was habe ich heute für die Pflege meines Körpers getan?

....

Habe ich mir heute etwas Gutes getan? Wenn ja, was? Wenn nein, warum nicht?

....
....

Welche positiven Aktivitäten habe ich heute gemacht? Was habe ich heute gemacht, das mir (früher) Freude gemacht hat?

....
....

Habe ich heute soziale Kontakte gepflegt? Wenn nein, warum? Wenn ja, mit wem?

....

Habe ich heute auf meine Grenzen geachtet? Oder habe ich stattdessen etwas gemacht, bei dem ich lieber „Nein" hätte sagen sollen? In welchen Situationen?

....
....
....

Wann ging es mir heute besonders gut und warum?

....
....
....

Freue ich mich morgen auf etwas bestimmtes? Auf was?

....
....

Werde ich morgen etwas anders machen als heute? Wenn ja, was?

....
....

Das kann ich tun, wenn ich heute nicht einschlafen kann:

....
....

<u>Mood tracker:</u>

Energie ...../10   Traurigkeit   Verzweiflung...../10
Freude ...../10   ...../10   Scham ...../10
Antrieb ...../10   Anspannung   Angst ...../10
                   ...../10   Schuld ...../10

Atme einmal tief durch. Schließe deine Augen. Richte dann deine Aufmerksamkeit auf dein Innerstes. Welche drei Gefühle sind gerade vorrangig in dir präsent?

....
....
....

Das hat mich heute am meisten beschäftigt:

....
....
....

Damit darf ich heute abschließen. Morgen kann ich mir darüber noch immer Gedanken machen. Jetzt darf ich aber zur Ruhe kommen.

Raum für Gedanken und Notizen:

....
....
....
....
....
....
....

Heute ist ein neuer Tag!

Datum: .... aufgestanden um
Wochentag: ....Uhr

eingeschlafen um insg. Schlafdauer
............Uhr .....h........min

Ich habe heute ☐ gut geschlafen ☐ schlecht geschlafen wegen

☐ Alpträumen ☐ Durchschlafstörungen
☐ Einschlafstörungen ☐ frühzeitiges Aufwachen

Mood tracker:

Energie ....../10   Traurigkeit....../10   Verzweiflung...../10
Freude ...../10   Anspannung ...../10   Scham ...../10
Antrieb ...../10   Angst ...../10
                                                Schuld ...../10

Welche Gedanken sind gerade besonders präsent?

....
....
....

Sind diese Gedanken (wirklich) realistisch?

....
....

Reminder: Du bist nicht deine Gedanken! Sie können dir nichts tun! Versuche dich von ihnen zu distanzieren, wenn sie dir nicht guttun. Achte auf dich!

Darauf freue ich mich heute besonders:

....
....

Diese postitive(n) Aktivität(en) möchte ich heute machen:

....
....
....

Was für ein ToDo möchte ich heute unbedingt umsetzen?

....
....

Wenn ich das erledigt habe, gönne ich mir das Folgende:

....

Etwas Schönes, das ich mir schon viel zu lange nicht mehr selbst gesagt habe und es hiermit tue:

....
....

Geplante Soziale Kontakte für heute:

telefonieren:..
Sozial Media:..
Reallife:..

Um diese Uhrzeit möchte ich heute an die frische Luft gehen: ....Uhr

Atme einmal tief durch. Schließe deine Augen. Richte dann deine Aufmerksamkeit auf dein Innerstes. Welche zwei Gefühle sind gerade in dir präsent?

....

....

Wie äußern sich diese Gefühle körperlich?

....

....

Woher könnten sie kommen?

....

....

....

....

Raum für deine Gedanken und Notizen:

....
....
....
....
....
....
....

Hab einen schönen Tag und versuche etwas Schönes in ihm zu sehen! Bleib stark!

Der heutige Tag neigt sich dem Ende zu

Habe ich das ToDo erledigt, das ich machen wollte? ☐ Ja ☐ Nein
Wenn nein, was habe ich stattdessen getan?

....

....

Bin ich heute an der frischen Luft gewesen? ☐ Ja ☐ Nein
Wenn nein, warum nicht?

....

Bin ich heute körperlich aktiv gewesen? Wenn ja, was habe ich gemacht?

....

Was habe ich heute für die Pflege meines Körpers getan?

....

Habe ich mir heute etwas Gutes getan? Wenn ja, was? Wenn nein, warum nicht?

....

....

Welche positiven Aktivitäten habe ich heute gemacht? Was habe ich heute gemacht, das mir (früher) Freude gemacht hat?

....

....

Habe ich heute soziale Kontakte gepflegt? Wenn nein, warum? Wenn ja, mit wem?

....

Habe ich heute auf meine Grenzen geachtet? Oder habe ich stattdessen etwas gemacht, bei dem ich lieber „Nein" hätte sagen sollen? In welchen Situationen?

....
....
....

Wann ging es mir heute besonders gut und warum?

....
....
....

Freue ich mich morgen auf etwas bestimmtes? Auf was?

....
....

Werde ich morgen etwas anders machen als heute? Wenn ja, was?

....
....

Das kann ich tun, wenn ich heute nicht einschlafen kann:

....
....

<u>Mood tracker:</u>

Energie ...../10   Traurigkeit   Verzweiflung...../10
Freude ...../10   ...../10   Scham ...../10
Antrieb ...../10   Anspannung   Angst ...../10
                   ...../10   Schuld ...../10

Atme einmal tief durch. Schließe deine Augen. Richte dann deine Aufmerksamkeit auf dein Innerstes. Welche drei Gefühle sind gerade vorrangig in dir präsent?

....
....
....

Das hat mich heute am meisten beschäftigt:

....
....
....

Damit darf ich heute abschließen. Morgen kann ich mir darüber noch immer Gedanken machen. Jetzt darf ich aber zur Ruhe kommen.

Raum für Gedanken und Notizen:

....
....
....
....
....
....
....

Heute ist ein neuer Tag!

Datum: .... aufgestanden um
Wochentag: ....Uhr

eingeschlafen um   insg. Schlafdauer
.............Uhr   .....h........min

Ich habe heute ☐ gut geschlafen ☐ schlecht geschlafen wegen

   ☐ Alpträumen   ☐ Durchschlafstörungen
   ☐ Einschlafstörungen   ☐ frühzeitiges Aufwachen

<u>Mood tracker:</u>

Energie ....../10	Traurigkeit....../10	Verzweiflung...../10
Freude ...../10		Scham ...../10
Antrieb ...../10	Anspannung ...../10	Angst ...../10
		Schuld ...../10

Welche Gedanken sind gerade besonders präsent?

....
....
....

Sind diese Gedanken (wirklich) realistisch?

....
....

Reminder: Du bist nicht deine Gedanken! Sie können dir nichts tun! Versuche dich von ihnen zu distanzieren, wenn sie dir nicht guttun. Achte auf dich!

Darauf freue ich mich heute besonders:

....
....

Diese postitive(n) Aktivität(en) möchte ich heute machen:

....
....
....

Was für ein ToDo möchte ich heute unbedingt umsetzen?

....
....

Wenn ich das erledigt habe, gönne ich mir das Folgende:

....

Etwas Schönes, das ich mir schon viel zu lange nicht mehr selbst gesagt habe und es hiermit tue:

....
....

Geplante Soziale Kontakte für heute:

telefonieren:..
Sozial Media:...
Reallife:..

Um diese Uhrzeit möchte ich heute an die frische Luft gehen:
............Uhr

Atme einmal tief durch. Schließe deine Augen. Richte dann deine Aufmerksamkeit auf dein Innerstes. Welche zwei Gefühle sind gerade in dir präsent?

....
....

Wie äußern sich diese Gefühle körperlich?

....
....

Woher könnten sie kommen?

....
....
....
....

Raum für deine Gedanken und Notizen:

....
....
....
....
....
....
....

Hab einen schönen Tag und versuche etwas Schönes in ihm zu sehen! Bleib stark!

Der heutige Tag neigt sich dem Ende zu

Habe ich das ToDo erledigt, das ich machen wollte?   ☐ Ja ☐ Nein
Wenn nein, was habe ich stattdessen getan?

....

....

Bin ich heute an der frischen Luft gewesen?   ☐ Ja ☐ Nein
Wenn nein, warum nicht?

....

Bin ich heute körperlich aktiv gewesen? Wenn ja, was habe ich gemacht?

....

Was habe ich heute für die Pflege meines Körpers getan?

....

Habe ich mir heute etwas Gutes getan? Wenn ja, was? Wenn nein, warum nicht?

....

....

Welche positiven Aktivitäten habe ich heute gemacht? Was habe ich heute gemacht, das mir (früher) Freude gemacht hat?

....

....

Habe ich heute soziale Kontakte gepflegt? Wenn nein, warum? Wenn ja, mit wem?

....

Habe ich heute auf meine Grenzen geachtet? Oder habe ich stattdessen etwas gemacht, bei dem ich lieber „Nein" hätte sagen sollen? In welchen Situationen?

....
....
....

Wann ging es mir heute besonders gut und warum?

....
....
....

Freue ich mich morgen auf etwas bestimmtes? Auf was?

....
....

Werde ich morgen etwas anders machen als heute? Wenn ja, was?

....
....

Das kann ich tun, wenn ich heute nicht einschlafen kann:

....
....

<u>Mood tracker:</u>

Energie ...../10   Traurigkeit   Verzweiflung...../10
Freude ...../10   ...../10   Scham ...../10
Antrieb ...../10   Anspannung   Angst ...../10
                       ...../10   Schuld ...../10

Atme einmal tief durch. Schließe deine Augen. Richte dann deine Aufmerksamkeit auf dein Innerstes. Welche drei Gefühle sind gerade vorrangig in dir präsent?

....
....
....

Das hat mich heute am meisten beschäftigt:

....
....
....

Damit darf ich heute abschließen. Morgen kann ich mir darüber noch immer Gedanken machen. Jetzt darf ich aber zur Ruhe kommen.

Raum für Gedanken und Notizen:

....
....
....
....
....
....
....

Heute ist ein neuer Tag!

Datum: .... aufgestanden um ....Uhr

Wochentag: ....

eingeschlafen um ....Uhr

insg. Schlafdauer .....h........min

Ich habe heute ☐ gut geschlafen ☐ schlecht geschlafen wegen

☐ Alpträumen ☐ Durchschlafstörungen

☐ Einschlafstörungen ☐ frühzeitiges Aufwachen

<u>Mood tracker:</u>

Energie ..../10 Traurigkeit....../10 Verzweiflung...../10

Freude ...../10 Anspannung ...../10 Scham ...../10

Antrieb ...../10 Angst ...../10

Schuld ...../10

Welche Gedanken sind gerade besonders präsent?

....
....
....

Sind diese Gedanken (wirklich) realistisch?

....
....

Reminder: Du bist nicht deine Gedanken! Sie können dir nichts tun! Versuche dich von ihnen zu distanzieren, wenn sie dir nicht guttun. Achte auf dich!

Darauf freue ich mich heute besonders:

....

....

Diese postitive(n) Aktivität(en) möchte ich heute machen:

....

....

....

Was für ein ToDo möchte ich heute unbedingt umsetzen?

....

....

Wenn ich das erledigt habe, gönne ich mir das Folgende:

....

Etwas Schönes, das ich mir schon viel zu lange nicht mehr selbst gesagt habe und es hiermit tue:

....

....

Geplante Soziale Kontakte für heute:

telefonieren:..
Sozial Media:..
Reallife:..

Um diese Uhrzeit möchte ich heute an die frische Luft gehen: ....Uhr

Atme einmal tief durch. Schließe deine Augen. Richte dann deine Aufmerksamkeit auf dein Innerstes. Welche zwei Gefühle sind gerade in dir präsent?

....

....

Wie äußern sich diese Gefühle körperlich?

....

....

Woher könnten sie kommen?

....

....

....

....

Raum für deine Gedanken und Notizen:

....
....
....
....
....
....
....

Hab einen schönen Tag und versuche etwas Schönes in ihm zu sehen! Bleib stark!

Der heutige Tag neigt sich dem Ende zu

Habe ich das ToDo erledigt, das ich machen wollte?   ☐ Ja
☐ Nein
Wenn nein, was habe ich stattdessen getan?

....

....

Bin ich heute an der frischen Luft gewesen?   ☐ Ja ☐ Nein
Wenn nein, warum nicht?

....

Bin ich heute körperlich aktiv gewesen? Wenn ja, was habe ich gemacht?

....

Was habe ich heute für die Pflege meines Körpers getan?

....

Habe ich mir heute etwas Gutes getan? Wenn ja, was? Wenn nein, warum nicht?

....

....

Welche positiven Aktivitäten habe ich heute gemacht? Was habe ich heute gemacht, das mir (früher) Freude gemacht hat?

....

....

Habe ich heute soziale Kontakte gepflegt? Wenn nein, warum? Wenn ja, mit wem?

....

Habe ich heute auf meine Grenzen geachtet? Oder habe ich stattdessen etwas gemacht, bei dem ich lieber „Nein" hätte sagen sollen? In welchen Situationen?

....
....
....

Wann ging es mir heute besonders gut und warum?

....
....
....

Freue ich mich morgen auf etwas bestimmtes? Auf was?

....
....

Werde ich morgen etwas anders machen als heute? Wenn ja, was?

....
....

Das kann ich tun, wenn ich heute nicht einschlafen kann:

....
....

<u>Mood tracker:</u>

Energie ...../10   Traurigkeit   Verzweiflung...../10
Freude ...../10   ...../10
Antrieb ...../10   Anspannung   Scham ...../10
                      ...../10   Angst ...../10
                                           Schuld ...../10

Atme einmal tief durch. Schließe deine Augen. Richte dann deine Aufmerksamkeit auf dein Innerstes. Welche drei Gefühle sind gerade vorrangig in dir präsent?

....
....
....

Das hat mich heute am meisten beschäftigt:

....
....
....

Damit darf ich heute abschließen. Morgen kann ich mir darüber noch immer Gedanken machen. Jetzt darf ich aber zur Ruhe kommen.

Raum für Gedanken und Notizen:

....
....
....
....
....
....
....

Heute ist ein neuer Tag!

Datum: .... aufgestanden um
Wochentag: ....Uhr

eingeschlafen um   insg. Schlafdauer
............Uhr   .....h........min

Ich habe heute ☐ gut geschlafen ☐ schlecht geschlafen wegen

☐ Alpträume   ☐ Durchschlafstörungen
☐ Einschlafstörungen   ☐ frühzeitiges Aufwachen

Mood tracker:

Energie ....../10   Traurigkeit....../10   Verzweiflung...../10
Freude ...../10   Anspannung ...../10   Scham ...../10
Antrieb ...../10   Angst ...../10
                                                 Schuld ...../10

Welche Gedanken sind gerade besonders präsent?

....
....
....

Sind diese Gedanken (wirklich) realistisch?

....
....

<u>Reminder:</u> Du bist nicht deine Gedanken! Sie können dir nichts tun! Versuche dich von ihnen zu distanzieren, wenn sie dir nicht guttun. Achte auf dich!

Darauf freue ich mich heute besonders:

....
....

Diese postitive(n) Aktivität(en) möchte ich heute machen:

....
....
....

Was für ein ToDo möchte ich heute unbedingt umsetzen?

....
....

Wenn ich das erledigt habe, gönne ich mir das Folgende:

....

Etwas Schönes, das ich mir schon viel zu lange nicht mehr selbst gesagt habe und es hiermit tue:

....
....

Geplante Soziale Kontakte für heute:

telefonieren:..
Sozial Media:..
Reallife:..

Um diese Uhrzeit möchte ich heute an die frische Luft gehen: ....Uhr

Atme einmal tief durch. Schließe deine Augen. Richte dann deine Aufmerksamkeit auf dein Innerstes. Welche zwei Gefühle sind gerade in dir präsent?

....
....

Wie äußern sich diese Gefühle körperlich?

....
....

Woher könnten sie kommen?

....
....
....
....

Raum für deine Gedanken und Notizen:

....
....
....
....
....
....
....

Hab einen schönen Tag und versuche etwas Schönes in ihm zu sehen! Bleib stark!

Der heutige Tag neigt sich dem Ende zu

Habe ich das ToDo erledigt, das ich machen wollte? ☐ Ja ☐ Nein
Wenn nein, was habe ich stattdessen getan?

....
....

Bin ich heute an der frischen Luft gewesen? ☐ Ja ☐ Nein
Wenn nein, warum nicht?

....

Bin ich heute körperlich aktiv gewesen? Wenn ja, was habe ich gemacht?

....

Was habe ich heute für die Pflege meines Körpers getan?

....

Habe ich mir heute etwas Gutes getan? Wenn ja, was? Wenn nein, warum nicht?

....
....

Welche positiven Aktivitäten habe ich heute gemacht? Was habe ich heute gemacht, das mir (früher) Freude gemacht hat?

....
....

Habe ich heute soziale Kontakte gepflegt? Wenn nein, warum? Wenn ja, mit wem?

....

Habe ich heute auf meine Grenzen geachtet? Oder habe ich stattdessen etwas gemacht, bei dem ich lieber „Nein" hätte sagen sollen? In welchen Situationen?

....
....
....

Wann ging es mir heute besonders gut und warum?

....
....
....

Freue ich mich morgen auf etwas bestimmtes? Auf was?

....
....

Werde ich morgen etwas anders machen als heute? Wenn ja, was?

....
....

Das kann ich tun, wenn ich heute nicht einschlafen kann:

....
....

<u>Mood tracker:</u>

Energie ...../10 Traurigkeit Verzweiflung...../10
Freude ...../10 ...../10 Scham ...../10
Antrieb ...../10 Anspannung Angst ...../10
　　　　　　　　　...../10 Schuld ...../10

Atme einmal tief durch. Schließe deine Augen. Richte dann deine Aufmerksamkeit auf dein Innerstes. Welche drei Gefühle sind gerade vorrangig in dir präsent?

....
....
....

Das hat mich heute am meisten beschäftigt:

....
....
....

Damit darf ich heute abschließen. Morgen kann ich mir darüber noch immer Gedanken machen. Jetzt darf ich aber zur Ruhe kommen.

Raum für Gedanken und Notizen:

....
....
....
....
....
....
....

Heute ist ein neuer Tag!

Datum: .... aufgestanden um
Wochentag: ....Uhr

eingeschlafen um   insg. Schlafdauer
.............Uhr   .....h........min

Ich habe heute ☐ gut geschlafen ☐ schlecht geschlafen wegen

☐ Alpträumen   ☐ Durchschlafstörungen
☐ Einschlafstörungen   ☐ frühzeitiges Aufwachen

Mood tracker:

Energie ....../10   Traurigkeit....../10   Verzweiflung....../10
Freude ...../10   Anspannung ...../10   Scham ...../10
Antrieb ...../10   Angst ...../10
                                              Schuld ...../10

Welche Gedanken sind gerade besonders präsent?

....
....
....

Sind diese Gedanken (wirklich) realistisch?

....
....

Reminder: Du bist nicht deine Gedanken! Sie können dir nichts tun! Versuche dich von ihnen zu distanzieren, wenn sie dir nicht guttun. Achte auf dich!

Darauf freue ich mich heute besonders:

....
....

Diese postitive(n) Aktivität(en) möchte ich heute machen:

....
....
....

Was für ein ToDo möchte ich heute unbedingt umsetzen?

....
....

Wenn ich das erledigt habe, gönne ich mir das Folgende:

....

Etwas Schönes, das ich mir schon viel zu lange nicht mehr selbst gesagt habe und es hiermit tue:

....
....

Geplante Soziale Kontakte für heute:

telefonieren:..
Sozial Media:..
Reallife:...

Um diese Uhrzeit möchte ich heute an die frische Luft gehen:
............Uhr

Atme einmal tief durch. Schließe deine Augen. Richte dann deine Aufmerksamkeit auf dein Innerstes. Welche zwei Gefühle sind gerade in dir präsent?

....
....

Wie äußern sich diese Gefühle körperlich?

....
....

Woher könnten sie kommen?

....
....
....
....

Raum für deine Gedanken und Notizen:

....
....
....
....
....
....
....

Hab einen schönen Tag und versuche etwas Schönes in ihm zu sehen! Bleib stark!

Der heutige Tag neigt sich dem Ende zu

Habe ich das ToDo erledigt, das ich machen wollte?   ☐ Ja ☐ Nein

Wenn nein, was habe ich stattdessen getan?

....
....

Bin ich heute an der frischen Luft gewesen?   ☐ Ja ☐ Nein

Wenn nein, warum nicht?

....

Bin ich heute körperlich aktiv gewesen? Wenn ja, was habe ich gemacht?

....

Was habe ich heute für die Pflege meines Körpers getan?

....

Habe ich mir heute etwas Gutes getan? Wenn ja, was? Wenn nein, warum nicht?

....
....

Welche positiven Aktivitäten habe ich heute gemacht? Was habe ich heute gemacht, das mir (früher) Freude gemacht hat?

....
....

Habe ich heute soziale Kontakte gepflegt? Wenn nein, warum? Wenn ja, mit wem?

....

Habe ich heute auf meine Grenzen geachtet? Oder habe ich stattdessen etwas gemacht, bei dem ich lieber „Nein" hätte sagen sollen? In welchen Situationen?

....
....
....

Wann ging es mir heute besonders gut und warum?

....
....
....

Freue ich mich morgen auf etwas bestimmtes? Auf was?

....
....

Werde ich morgen etwas anders machen als heute? Wenn ja, was?

....
....

Das kann ich tun, wenn ich heute nicht einschlafen kann:

....
....

<u>Mood tracker:</u>

Energie ...../10 Traurigkeit Verzweiflung...../10
Freude ...../10 ...../10
Antrieb ...../10 Anspannung Scham ...../10
...../10 Angst ...../10
Schuld ...../10

Atme einmal tief durch. Schließe deine Augen. Richte dann deine Aufmerksamkeit auf dein Innerstes. Welche drei Gefühle sind gerade vorrangig in dir präsent?

....
....
....

Das hat mich heute am meisten beschäftigt:

....
....
....

Damit darf ich heute abschließen. Morgen kann ich mir darüber noch immer Gedanken machen. Jetzt darf ich aber zur Ruhe kommen.

Raum für Gedanken und Notizen:

....
....
....
....
....
....
....

Heute ist ein neuer Tag!

Datum: .... aufgestanden um
Wochentag: ....Uhr

eingeschlafen um   insg. Schlafdauer
.............Uhr   .....h........min

Ich habe heute ☐ gut geschlafen ☐ schlecht geschlafen wegen

☐ Alpträumen   ☐ Durchschlafstörungen
☐ Einschlafstörungen   ☐ frühzeitiges Aufwachen

Mood tracker:

Energie ....../10   Traurigkeit....../10   Verzweiflung...../10
Freude ...../10   Scham ...../10
Antrieb ...../10   Anspannung   Angst ...../10
                     ...../10   Schuld ...../10

Welche Gedanken sind gerade besonders präsent?

....
....
....

Sind diese Gedanken (wirklich) realistisch?

....
....

Reminder: Du bist nicht deine Gedanken! Sie können dir nichts tun! Versuche dich von ihnen zu distanzieren, wenn sie dir nicht guttun. Achte auf dich!

Darauf freue ich mich heute besonders:

....
....

Diese postitive(n) Aktivität(en) möchte ich heute machen:

....
....
....

Was für ein ToDo möchte ich heute unbedingt umsetzen?

....
....

Wenn ich das erledigt habe, gönne ich mir das Folgende:

....

Etwas Schönes, das ich mir schon viel zu lange nicht mehr selbst gesagt habe und es hiermit tue:

....
....

Geplante Soziale Kontakte für heute:

telefonieren:..
Sozial Media:..
Reallife:..

Um diese Uhrzeit möchte ich heute an die frische Luft gehen:
............Uhr

Atme einmal tief durch. Schließe deine Augen. Richte dann deine Aufmerksamkeit auf dein Innerstes. Welche zwei Gefühle sind gerade in dir präsent?

....
....

Wie äußern sich diese Gefühle körperlich?

....
....

Woher könnten sie kommen?

....
....
....
....

Raum für deine Gedanken und Notizen:

....
....
....
....
....
....
....

Hab einen schönen Tag und versuche etwas Schönes in ihm zu sehen! Bleib stark!

Der heutige Tag neigt sich dem Ende zu

Habe ich das ToDo erledigt, das ich machen wollte?　☐ Ja ☐ Nein

Wenn nein, was habe ich stattdessen getan?

....
....

Bin ich heute an der frischen Luft gewesen?　☐ Ja ☐ Nein

Wenn nein, warum nicht?

....

Bin ich heute körperlich aktiv gewesen? Wenn ja, was habe ich gemacht?

....

Was habe ich heute für die Pflege meines Körpers getan?

....

Habe ich mir heute etwas Gutes getan? Wenn ja, was? Wenn nein, warum nicht?

....
....

Welche positiven Aktivitäten habe ich heute gemacht? Was habe ich heute gemacht, das mir (früher) Freude gemacht hat?

....
....

Habe ich heute soziale Kontakte gepflegt? Wenn nein, warum? Wenn ja, mit wem?

....

Habe ich heute auf meine Grenzen geachtet? Oder habe ich stattdessen etwas gemacht, bei dem ich lieber „Nein" hätte sagen sollen? In welchen Situationen?

....
....
....

Wann ging es mir heute besonders gut und warum?

....
....
....

Freue ich mich morgen auf etwas bestimmtes? Auf was?

....
....

Werde ich morgen etwas anders machen als heute? Wenn ja, was?

....
....

Das kann ich tun, wenn ich heute nicht einschlafen kann:

....
....

<u>Mood tracker:</u>

Energie ...../10   Traurigkeit   Verzweiflung...../10
Freude ...../10   ...../10   Scham ...../10
Antrieb ...../10   Anspannung   Angst ...../10
                   ...../10   Schuld ...../10

Atme einmal tief durch. Schließe deine Augen. Richte dann deine Aufmerksamkeit auf dein Innerstes. Welche drei Gefühle sind gerade vorrangig in dir präsent?

....
....
....

Das hat mich heute am meisten beschäftigt:

....
....
....

Damit darf ich heute abschließen. Morgen kann ich mir darüber noch immer Gedanken machen. Jetzt darf ich aber zur Ruhe kommen.

Raum für Gedanken und Notizen:

....
....
....
....
....
....
....

Heute ist ein neuer Tag!

Datum: ....
Wochentag: ....

eingeschlafen um
.............Uhr

aufgestanden um
............Uhr

insg. Schlafdauer
.....h........min

Ich habe heute ☐ gut geschlafen ☐ schlecht geschlafen wegen

☐ Alpträume ☐ Durchschlafstörungen
☐ Einschlafstörungen ☐ frühzeitiges Aufwachen

Mood tracker:

Energie ..../10
Freude ....../10
Antrieb ....../10

Traurigkeit......./10
Anspannung ....../10

Verzweiflung...../10
Scham ....../10
Angst ....../10
Schuld ....../10

Welche Gedanken sind gerade besonders präsent?

....
....
....

Sind diese Gedanken (wirklich) realistisch?

....
....

Reminder: Du bist nicht deine Gedanken! Sie können dir nichts tun! Versuche dich von ihnen zu distanzieren, wenn sie dir nicht guttun. Achte auf dich!

Darauf freue ich mich heute besonders:

....
....

Diese postitive(n) Aktivität(en) möchte ich heute machen:

....
....
....

Was für ein ToDo möchte ich heute unbedingt umsetzen?

....
....

Wenn ich das erledigt habe, gönne ich mir das Folgende:

....

Etwas Schönes, das ich mir schon viel zu lange nicht mehr selbst gesagt habe und es hiermit tue:

....
....

Geplante Soziale Kontakte für heute:

telefonieren:...
Sozial Media:..
Reallife:..

Um diese Uhrzeit möchte ich heute an die frische Luft gehen: ....Uhr

Atme einmal tief durch. Schließe deine Augen. Richte dann deine Aufmerksamkeit auf dein Innerstes. Welche zwei Gefühle sind gerade in dir präsent?

....

....

Wie äußern sich diese Gefühle körperlich?

....

....

Woher könnten sie kommen?

....

....

....

....

Raum für deine Gedanken und Notizen:

....
....
....
....
....
....
....

Hab einen schönen Tag und versuche etwas Schönes in ihm zu sehen! Bleib stark!

Der heutige Tag neigt sich dem Ende zu

Habe ich das ToDo erledigt, das ich machen wollte?   ☐ Ja ☐ Nein
Wenn nein, was habe ich stattdessen getan?

....
....

Bin ich heute an der frischen Luft gewesen?   ☐ Ja ☐ Nein
Wenn nein, warum nicht?

....

Bin ich heute körperlich aktiv gewesen? Wenn ja, was habe ich gemacht?

....

Was habe ich heute für die Pflege meines Körpers getan?

....

Habe ich mir heute etwas Gutes getan? Wenn ja, was? Wenn nein, warum nicht?

....
....

Welche positiven Aktivitäten habe ich heute gemacht? Was habe ich heute gemacht, das mir (früher) Freude gemacht hat?

....
....

Habe ich heute soziale Kontakte gepflegt? Wenn nein, warum? Wenn ja, mit wem?

....

Habe ich heute auf meine Grenzen geachtet? Oder habe ich stattdessen etwas gemacht, bei dem ich lieber „Nein" hätte sagen sollen? In welchen Situationen?

....
....
....

Wann ging es mir heute besonders gut und warum?

....
....
....

Freue ich mich morgen auf etwas bestimmtes? Auf was?

....
....

Werde ich morgen etwas anders machen als heute? Wenn ja, was?

....
....

Das kann ich tun, wenn ich heute nicht einschlafen kann:

....
....

<u>Mood tracker:</u>

Energie ...../10   Traurigkeit   Verzweiflung...../10
Freude ...../10   ...../10   Scham ...../10
Antrieb ...../10   Anspannung   Angst ...../10
                   ...../10   Schuld ...../10

Atme einmal tief durch. Schließe deine Augen. Richte dann deine Aufmerksamkeit auf dein Innerstes. Welche drei Gefühle sind gerade vorrangig in dir präsent?

....

....

....

Das hat mich heute am meisten beschäftigt:

....

....

....

Damit darf ich heute abschließen. Morgen kann ich mir darüber noch immer Gedanken machen. Jetzt darf ich aber zur Ruhe kommen.

Raum für Gedanken und Notizen:

....

....

....

....

....

....

....

Heute ist ein neuer Tag!

Datum: ....   aufgestanden um ....Uhr

Wochentag: ....

eingeschlafen um ....Uhr   insg. Schlafdauer .....h........min

Ich habe heute ☐ gut geschlafen ☐ schlecht geschlafen wegen

    ☐ Alpträumen   ☐ Durchschlafstörungen
    ☐ Einschlafstörungen   ☐ frühzeitiges Aufwachen

Mood tracker:

Energie ..../10   Traurigkeit......./10   Verzweiflung....../10
Freude ....../10   Scham ....../10
Antrieb ....../10   Anspannung ....../10   Angst ....../10
        Schuld ....../10

Welche Gedanken sind gerade besonders präsent?

....
....
....

Sind diese Gedanken (wirklich) realistisch?

....
....

Reminder: Du bist nicht deine Gedanken! Sie können dir nichts tun! Versuche dich von ihnen zu distanzieren, wenn sie dir nicht guttun. Achte auf dich!

Darauf freue ich mich heute besonders:

....
....

Diese postitive(n) Aktivität(en) möchte ich heute machen:

....
....
....

Was für ein ToDo möchte ich heute unbedingt umsetzen?

....
....

Wenn ich das erledigt habe, gönne ich mir das Folgende:

....

Etwas Schönes, das ich mir schon viel zu lange nicht mehr selbst gesagt habe und es hiermit tue:

....
....

Geplante Soziale Kontakte für heute:

telefonieren:..
Sozial Media:..
Reallife:...

Um diese Uhrzeit möchte ich heute an die frische Luft gehen:
............Uhr

Atme einmal tief durch. Schließe deine Augen. Richte dann deine Aufmerksamkeit auf dein Innerstes. Welche zwei Gefühle sind gerade in dir präsent?

....
....

Wie äußern sich diese Gefühle körperlich?

....
....

Woher könnten sie kommen?

....
....
....
....

Raum für deine Gedanken und Notizen:

....
....
....
....
....
....
....

Hab einen schönen Tag und versuche etwas Schönes in ihm zu sehen! Bleib stark!

Der heutige Tag neigt sich dem Ende zu

Habe ich das ToDo erledigt, das ich machen wollte?   ☐ Ja ☐ Nein
Wenn nein, was habe ich stattdessen getan?

....
....

Bin ich heute an der frischen Luft gewesen?   ☐ Ja ☐ Nein
Wenn nein, warum nicht?

....

Bin ich heute körperlich aktiv gewesen? Wenn ja, was habe ich gemacht?

....

Was habe ich heute für die Pflege meines Körpers getan?

....

Habe ich mir heute etwas Gutes getan? Wenn ja, was? Wenn nein, warum nicht?

....
....

Welche positiven Aktivitäten habe ich heute gemacht? Was habe ich heute gemacht, das mir (früher) Freude gemacht hat?

....
....

Habe ich heute soziale Kontakte gepflegt? Wenn nein, warum? Wenn ja, mit wem?

....

Habe ich heute auf meine Grenzen geachtet? Oder habe ich stattdessen etwas gemacht, bei dem ich lieber „Nein" hätte sagen sollen? In welchen Situationen?

....
....
....

Wann ging es mir heute besonders gut und warum?

....
....
....

Freue ich mich morgen auf etwas bestimmtes? Auf was?

....
....

Werde ich morgen etwas anders machen als heute? Wenn ja, was?

....
....

Das kann ich tun, wenn ich heute nicht einschlafen kann:

....
....

<u>Mood tracker:</u>

Energie ...../10   Traurigkeit   Verzweiflung...../10
Freude ...../10   ...../10   Scham ...../10
Antrieb ...../10   Anspannung   Angst ...../10
                       ...../10   Schuld ...../10

Atme einmal tief durch. Schließe deine Augen. Richte dann deine Aufmerksamkeit auf dein Innerstes. Welche drei Gefühle sind gerade vorrangig in dir präsent?

....
....
....

Das hat mich heute am meisten beschäftigt:

....
....
....

Damit darf ich heute abschließen. Morgen kann ich mir darüber noch immer Gedanken machen. Jetzt darf ich aber zur Ruhe kommen.

Raum für Gedanken und Notizen:

....
....
....
....
....
....
....

Heute ist ein neuer Tag!

Datum: ....
Wochentag: ....
eingeschlafen um ....Uhr

aufgestanden um ....Uhr
insg. Schlafdauer .....h........min

Ich habe heute ☐ gut geschlafen ☐ schlecht geschlafen wegen

☐ Alpträumen ☐ Durchschlafstörungen
☐ Einschlafstörungen ☐ frühzeitiges Aufwachen

Mood tracker:

Energie ....../10
Freude ...../10
Antrieb ...../10

Traurigkeit....../10
Anspannung ...../10

Verzweiflung...../10
Scham ...../10
Angst ...../10
Schuld ...../10

Welche Gedanken sind gerade besonders präsent?

....
....
....

Sind diese Gedanken (wirklich) realistisch?

....
....

Reminder: Du bist nicht deine Gedanken! Sie können dir nichts tun! Versuche dich von ihnen zu distanzieren, wenn sie dir nicht guttun. Achte auf dich!

Darauf freue ich mich heute besonders:

....

....

Diese postitive(n) Aktivität(en) möchte ich heute machen:

....

....

....

Was für ein ToDo möchte ich heute unbedingt umsetzen?

....

....

Wenn ich das erledigt habe, gönne ich mir das Folgende:

....

Etwas Schönes, das ich mir schon viel zu lange nicht mehr selbst gesagt habe und es hiermit tue:

....

....

Geplante Soziale Kontakte für heute:

telefonieren:..
Sozial Media:...
Reallife:.......................................

Um diese Uhrzeit möchte ich heute an die frische Luft gehen: ....Uhr

Atme einmal tief durch. Schließe deine Augen. Richte dann deine Aufmerksamkeit auf dein Innerstes. Welche zwei Gefühle sind gerade in dir präsent?

....

....

Wie äußern sich diese Gefühle körperlich?

....

....

Woher könnten sie kommen?

....

....

....

....

Raum für deine Gedanken und Notizen:

....

....

....

....

....

....

....

Hab einen schönen Tag und versuche etwas Schönes in ihm zu sehen! Bleib stark!

Der heutige Tag neigt sich dem Ende zu

Habe ich das ToDo erledigt, das ich machen wollte?   ☐ Ja ☐ Nein
Wenn nein, was habe ich stattdessen getan?

....
....

Bin ich heute an der frischen Luft gewesen?   ☐ Ja ☐ Nein
Wenn nein, warum nicht?

....

Bin ich heute körperlich aktiv gewesen? Wenn ja, was habe ich gemacht?

....

Was habe ich heute für die Pflege meines Körpers getan?

....

Habe ich mir heute etwas Gutes getan? Wenn ja, was? Wenn nein, warum nicht?

....
....

Welche positiven Aktivitäten habe ich heute gemacht? Was habe ich heute gemacht, das mir (früher) Freude gemacht hat?

....
....

Habe ich heute soziale Kontakte gepflegt? Wenn nein, warum? Wenn ja, mit wem?

....

Habe ich heute auf meine Grenzen geachtet? Oder habe ich stattdessen etwas gemacht, bei dem ich lieber „Nein" hätte sagen sollen? In welchen Situationen?

....
....
....

Wann ging es mir heute besonders gut und warum?

....
....
....

Freue ich mich morgen auf etwas bestimmtes? Auf was?

....
....

Werde ich morgen etwas anders machen als heute? Wenn ja, was?

....
....

Das kann ich tun, wenn ich heute nicht einschlafen kann:

....
....

<u>Mood tracker:</u>

Energie ...../10   Traurigkeit   Verzweiflung...../10
Freude ...../10   ...../10
Antrieb ...../10   Anspannung   Scham ...../10
                       ...../10   Angst ...../10
                                             Schuld ...../10

Atme einmal tief durch. Schließe deine Augen. Richte dann deine Aufmerksamkeit auf dein Innerstes. Welche drei Gefühle sind gerade vorrangig in dir präsent?

....
....
....

Das hat mich heute am meisten beschäftigt:

....
....
....

Damit darf ich heute abschließen. Morgen kann ich mir darüber noch immer Gedanken machen. Jetzt darf ich aber zur Ruhe kommen.

Raum für Gedanken und Notizen:

....
....
....
....
....
....
....

Heute ist ein neuer Tag!

Datum: .... aufgestanden um
Wochentag: ....Uhr
                                  insg. Schlafdauer
eingeschlafen um   .....h........min
............Uhr

Ich habe heute ☐ gut geschlafen ☐ schlecht geschlafen wegen

☐ Alpträumen   ☐ Durchschlafstörungen
☐ Einschlafstörungen ☐ frühzeitiges Aufwachen

<u>Mood tracker:</u>

Energie ..../10   Traurigkeit......../10   Verzweiflung...../10
Freude ....../10   Anspannung ...../10   Scham ...../10
Antrieb ...../10   Angst ...../10
                                                Schuld ...../10

Welche Gedanken sind gerade besonders präsent?

....
....
....

Sind diese Gedanken (wirklich) realistisch?

....
....

Reminder: Du bist nicht deine Gedanken! Sie können dir nichts tun! Versuche dich von ihnen zu distanzieren, wenn sie dir nicht guttun. Achte auf dich!

Darauf freue ich mich heute besonders:

....
....

Diese postitive(n) Aktivität(en) möchte ich heute machen:

....
....
....

Was für ein ToDo möchte ich heute unbedingt umsetzen?

....
....

Wenn ich das erledigt habe, gönne ich mir das Folgende:

....

Etwas Schönes, das ich mir schon viel zu lange nicht mehr selbst gesagt habe und es hiermit tue:

....
....

Geplante Soziale Kontakte für heute:

telefonieren:..
Sozial Media:..
Reallife:..

Um diese Uhrzeit möchte ich heute an die frische Luft gehen:
............Uhr

Atme einmal tief durch. Schließe deine Augen. Richte dann deine Aufmerksamkeit auf dein Innerstes. Welche zwei Gefühle sind gerade in dir präsent?

....
....

Wie äußern sich diese Gefühle körperlich?

....
....

Woher könnten sie kommen?

....
....
....
....

Raum für deine Gedanken und Notizen:

....
....
....
....
....
....
....

Hab einen schönen Tag und versuche etwas Schönes in ihm zu sehen! Bleib stark!

Der heutige Tag neigt sich dem Ende zu

Habe ich das ToDo erledigt, das ich machen wollte?   ☐ Ja ☐ Nein
Wenn nein, was habe ich stattdessen getan?

....
....

Bin ich heute an der frischen Luft gewesen?   ☐ Ja ☐ Nein
Wenn nein, warum nicht?

....

Bin ich heute körperlich aktiv gewesen? Wenn ja, was habe ich gemacht?

....

Was habe ich heute für die Pflege meines Körpers getan?

....

Habe ich mir heute etwas Gutes getan? Wenn ja, was? Wenn nein, warum nicht?

....
....

Welche positiven Aktivitäten habe ich heute gemacht? Was habe ich heute gemacht, das mir (früher) Freude gemacht hat?

....
....

Habe ich heute soziale Kontakte gepflegt? Wenn nein, warum? Wenn ja, mit wem?

....

Habe ich heute auf meine Grenzen geachtet? Oder habe ich stattdessen etwas gemacht, bei dem ich lieber „Nein" hätte sagen sollen? In welchen Situationen?

....
....
....

Wann ging es mir heute besonders gut und warum?

....
....
....

Freue ich mich morgen auf etwas bestimmtes? Auf was?

....
....

Werde ich morgen etwas anders machen als heute? Wenn ja, was?

....
....

Das kann ich tun, wenn ich heute nicht einschlafen kann:

....
....

<u>Mood tracker:</u>

Energie ...../10   Traurigkeit   Verzweiflung...../10
Freude ...../10   ...../10
Antrieb ...../10   Anspannung   Scham ...../10
                     ...../10   Angst ...../10
                                          Schuld ...../10

Atme einmal tief durch. Schließe deine Augen. Richte dann deine Aufmerksamkeit auf dein Innerstes. Welche drei Gefühle sind gerade vorrangig in dir präsent?

....
....
....

Das hat mich heute am meisten beschäftigt:

....
....
....

Damit darf ich heute abschließen. Morgen kann ich mir darüber noch immer Gedanken machen. Jetzt darf ich aber zur Ruhe kommen.

Raum für Gedanken und Notizen:

....
....
....
....
....
....
....

Heute ist ein neuer Tag!

Datum: ....
Wochentag: ....
eingeschlafen um
............Uhr

aufgestanden um
............Uhr
insg. Schlafdauer
.....h........min

Ich habe heute ☐ gut geschlafen ☐ schlecht geschlafen wegen

☐ Alpträumen ☐ Durchschlafstörungen
☐ Einschlafstörungen ☐ frühzeitiges Aufwachen

<u>Mood tracker:</u>

Energie ..../10
Freude ....../10
Antrieb ....../10

Traurigkeit......./10
Anspannung ....../10

Verzweiflung...../10
Scham ....../10
Angst ....../10
Schuld ....../10

Welche Gedanken sind gerade besonders präsent?

....
....
....

Sind diese Gedanken (wirklich) realistisch?

....
....

Reminder: Du bist nicht deine Gedanken! Sie können dir nichts tun! Versuche dich von ihnen zu distanzieren, wenn sie dir nicht guttun. Achte auf dich!

Darauf freue ich mich heute besonders:

....

....

Diese postitive(n) Aktivität(en) möchte ich heute machen:

....

....

....

Was für ein ToDo möchte ich heute unbedingt umsetzen?

....

....

Wenn ich das erledigt habe, gönne ich mir das Folgende:

....

Etwas Schönes, das ich mir schon viel zu lange nicht mehr selbst gesagt habe und es hiermit tue:

....

....

Geplante Soziale Kontakte für heute:

telefonieren:..
Sozial Media:..
Reallife:..

Um diese Uhrzeit möchte ich heute an die frische Luft gehen: ....Uhr

Atme einmal tief durch. Schließe deine Augen. Richte dann deine Aufmerksamkeit auf dein Innerstes. Welche zwei Gefühle sind gerade in dir präsent?

....

....

Wie äußern sich diese Gefühle körperlich?

....

....

Woher könnten sie kommen?

....

....

....

....

Raum für deine Gedanken und Notizen:

....

....

....

....

....

....

....

Hab einen schönen Tag und versuche etwas Schönes in ihm zu sehen! Bleib stark!

Der heutige Tag neigt sich dem Ende zu

Habe ich das ToDo erledigt, das ich machen wollte?   ☐ Ja ☐ Nein
Wenn nein, was habe ich stattdessen getan?

....
....

Bin ich heute an der frischen Luft gewesen?   ☐ Ja ☐ Nein
Wenn nein, warum nicht?

....

Bin ich heute körperlich aktiv gewesen? Wenn ja, was habe ich gemacht?

....

Was habe ich heute für die Pflege meines Körpers getan?

....

Habe ich mir heute etwas Gutes getan? Wenn ja, was? Wenn nein, warum nicht?

....
....

Welche positiven Aktivitäten habe ich heute gemacht? Was habe ich heute gemacht, das mir (früher) Freude gemacht hat?

....
....

Habe ich heute soziale Kontakte gepflegt? Wenn nein, warum? Wenn ja, mit wem?

....

Habe ich heute auf meine Grenzen geachtet? Oder habe ich stattdessen etwas gemacht, bei dem ich lieber „Nein" hätte sagen sollen? In welchen Situationen?

....
....
....

Wann ging es mir heute besonders gut und warum?

....
....
....

Freue ich mich morgen auf etwas bestimmtes? Auf was?

....
....

Werde ich morgen etwas anders machen als heute? Wenn ja, was?

....
....

Das kann ich tun, wenn ich heute nicht einschlafen kann:

....
....

<u>Mood tracker:</u>

Energie ...../10   Traurigkeit   Verzweiflung...../10
Freude ...../10   ...../10
Antrieb ...../10   Anspannung   Scham ...../10
...../10   Angst ...../10
Schuld ...../10

Atme einmal tief durch. Schließe deine Augen. Richte dann deine Aufmerksamkeit auf dein Innerstes. Welche drei Gefühle sind gerade vorrangig in dir präsent?

....
....
....

Das hat mich heute am meisten beschäftigt:

....
....
....

Damit darf ich heute abschließen. Morgen kann ich mir darüber noch immer Gedanken machen. Jetzt darf ich aber zur Ruhe kommen.

Raum für Gedanken und Notizen:

....
....
....
....
....
....
....

Heute ist ein neuer Tag!

Datum: ....
Wochentag: ....

eingeschlafen um
.............Uhr

aufgestanden um
............Uhr
insg. Schlafdauer
.....h........min

Ich habe heute ☐ gut geschlafen ☐ schlecht geschlafen wegen

☐ Alpträumen ☐ Durchschlafstörungen
☐ Einschlafstörungen ☐ frühzeitiges Aufwachen

Mood tracker:

Energie ..../10
Freude ....../10
Antrieb ...../10

Traurigkeit....../10
Anspannung ...../10

Verzweiflung...../10
Scham ...../10
Angst ...../10
Schuld ...../10

Welche Gedanken sind gerade besonders präsent?

....
....
....

Sind diese Gedanken (wirklich) realistisch?

....
....

Reminder: Du bist nicht deine Gedanken! Sie können dir nichts tun! Versuche dich von ihnen zu distanzieren, wenn sie dir nicht guttun. Achte auf dich!

Darauf freue ich mich heute besonders:

....
....

Diese postitive(n) Aktivität(en) möchte ich heute machen:

....
....
....

Was für ein ToDo möchte ich heute unbedingt umsetzen?

....
....

Wenn ich das erledigt habe, gönne ich mir das Folgende:

....

Etwas Schönes, das ich mir schon viel zu lange nicht mehr selbst gesagt habe und es hiermit tue:

....
....

Geplante Soziale Kontakte für heute:

telefonieren:..
Sozial Media:...
Reallife:..

Um diese Uhrzeit möchte ich heute an die frische Luft gehen:
………….Uhr

Atme einmal tief durch. Schließe deine Augen. Richte dann deine Aufmerksamkeit auf dein Innerstes. Welche zwei Gefühle sind gerade in dir präsent?

………………………………
………………………………

Wie äußern sich diese Gefühle körperlich?

………………………………………………………………
………………………………………………………………

Woher könnten sie kommen?

………………………………………………………………………
………………………………………………………
………………………………………………………………………
………………………………………………………

Raum für deine Gedanken und Notizen:

………………………………………………………………………
………………………………………………………………………
………………………………………………………………………
………………………………………………………………………
………………………………………………………………………
………………………………………………………………………
………………………………………………………………

Hab einen schönen Tag und versuche etwas Schönes in ihm zu sehen! Bleib stark!

Der heutige Tag neigt sich dem Ende zu

Habe ich das ToDo erledigt, das ich machen wollte? ☐ Ja ☐ Nein
Wenn nein, was habe ich stattdessen getan?

....

....

Bin ich heute an der frischen Luft gewesen? ☐ Ja ☐ Nein
Wenn nein, warum nicht?

....

Bin ich heute körperlich aktiv gewesen? Wenn ja, was habe ich gemacht?

....

Was habe ich heute für die Pflege meines Körpers getan?

....

Habe ich mir heute etwas Gutes getan? Wenn ja, was? Wenn nein, warum nicht?

....

....

Welche positiven Aktivitäten habe ich heute gemacht? Was habe ich heute gemacht, das mir (früher) Freude gemacht hat?

....

....

Habe ich heute soziale Kontakte gepflegt? Wenn nein, warum? Wenn ja, mit wem?

....

Habe ich heute auf meine Grenzen geachtet? Oder habe ich stattdessen etwas gemacht, bei dem ich lieber „Nein" hätte sagen sollen? In welchen Situationen?

....
....
....

Wann ging es mir heute besonders gut und warum?

....
....
....

Freue ich mich morgen auf etwas bestimmtes? Auf was?

....
....

Werde ich morgen etwas anders machen als heute? Wenn ja, was?

....
....

Das kann ich tun, wenn ich heute nicht einschlafen kann:

....
....

<u>Mood tracker:</u>

Energie ...../10   Traurigkeit   Verzweiflung...../10
Freude ...../10   ...../10
Antrieb ...../10   Anspannung   Scham ...../10
                        ...../10   Angst ...../10
                                             Schuld ...../10

Atme einmal tief durch. Schließe deine Augen. Richte dann deine Aufmerksamkeit auf dein Innerstes. Welche drei Gefühle sind gerade vorrangig in dir präsent?

....
....
....

Das hat mich heute am meisten beschäftigt:

....
....
....

Damit darf ich heute abschließen. Morgen kann ich mir darüber noch immer Gedanken machen. Jetzt darf ich aber zur Ruhe kommen.

Raum für Gedanken und Notizen:

....
....
....
....
....
....
....

Heute ist ein neuer Tag!

Datum: .... aufgestanden um
Wochentag: ....Uhr

eingeschlafen um insg. Schlafdauer
............Uhr .....h........min

Ich habe heute ☐ gut geschlafen ☐ schlecht geschlafen wegen

☐ Alpträume ☐ Durchschlafstörungen
☐ Einschlafstörungen ☐ frühzeitiges Aufwachen

<u>Mood tracker:</u>

Energie ..../10 Traurigkeit....../10 Verzweiflung...../10
Freude ..../10 Anspannung ...../10 Scham ....../10
Antrieb ....../10   Angst ....../10
   Schuld ....../10

Welche Gedanken sind gerade besonders präsent?

....
....
....

Sind diese Gedanken (wirklich) realistisch?

....
....

Reminder: Du bist nicht deine Gedanken! Sie können dir nichts tun! Versuche dich von ihnen zu distanzieren, wenn sie dir nicht guttun. Achte auf dich!

Darauf freue ich mich heute besonders:

....
....

Diese postitive(n) Aktivität(en) möchte ich heute machen:

....
....
....

Was für ein ToDo möchte ich heute unbedingt umsetzen?

....
....

Wenn ich das erledigt habe, gönne ich mir das Folgende:

....

Etwas Schönes, das ich mir schon viel zu lange nicht mehr selbst gesagt habe und es hiermit tue:

....
....

Geplante Soziale Kontakte für heute:

telefonieren:...
Sozial Media:..
Reallife:...

Um diese Uhrzeit möchte ich heute an die frische Luft gehen:
............Uhr

Atme einmal tief durch. Schließe deine Augen. Richte dann deine Aufmerksamkeit auf dein Innerstes. Welche zwei Gefühle sind gerade in dir präsent?

....

....

Wie äußern sich diese Gefühle körperlich?

....

....

Woher könnten sie kommen?

....

....

....

....

Raum für deine Gedanken und Notizen:

....
....
....
....
....
....
....

Hab einen schönen Tag und versuche etwas Schönes in ihm zu sehen! Bleib stark!

Der heutige Tag neigt sich dem Ende zu

Habe ich das ToDo erledigt, das ich machen wollte?   ☐ Ja ☐ Nein
Wenn nein, was habe ich stattdessen getan?

....
....

Bin ich heute an der frischen Luft gewesen?   ☐ Ja ☐ Nein
Wenn nein, warum nicht?

....

Bin ich heute körperlich aktiv gewesen? Wenn ja, was habe ich gemacht?

....

Was habe ich heute für die Pflege meines Körpers getan?

....

Habe ich mir heute etwas Gutes getan? Wenn ja, was? Wenn nein, warum nicht?

....
....

Welche positiven Aktivitäten habe ich heute gemacht? Was habe ich heute gemacht, das mir (früher) Freude gemacht hat?

....
....

Habe ich heute soziale Kontakte gepflegt? Wenn nein, warum? Wenn ja, mit wem?

....

Habe ich heute auf meine Grenzen geachtet? Oder habe ich stattdessen etwas gemacht, bei dem ich lieber „Nein" hätte sagen sollen? In welchen Situationen?

....
....
....

Wann ging es mir heute besonders gut und warum?

....
....
....

Freue ich mich morgen auf etwas bestimmtes? Auf was?

....
....

Werde ich morgen etwas anders machen als heute? Wenn ja, was?

....
....

Das kann ich tun, wenn ich heute nicht einschlafen kann:

....
....

<u>Mood tracker:</u>

Energie ...../10	Traurigkeit ...../10	Verzweiflung...../10
Freude ...../10	Anspannung ...../10	Scham ...../10
Antrieb ...../10		Angst ...../10
		Schuld ...../10

Atme einmal tief durch. Schließe deine Augen. Richte dann deine Aufmerksamkeit auf dein Innerstes. Welche drei Gefühle sind gerade vorrangig in dir präsent?

....
....
....

Das hat mich heute am meisten beschäftigt:

....
....
....

Damit darf ich heute abschließen. Morgen kann ich mir darüber noch immer Gedanken machen. Jetzt darf ich aber zur Ruhe kommen.

Raum für Gedanken und Notizen:

....
....
....
....
....
....
....

Heute ist ein neuer Tag!

Datum: .... aufgestanden um
Wochentag: ....Uhr

eingeschlafen um   insg. Schlafdauer
............Uhr   .....h........min

Ich habe heute ☐ gut geschlafen ☐ schlecht geschlafen wegen

☐ Alpträume   ☐ Durchschlafstörungen
☐ Einschlafstörungen   ☐ frühzeitiges Aufwachen

Mood tracker:

Energie ....../10   Traurigkeit....../10   Verzweiflung...../10
Freude ...../10   Scham ...../10
Antrieb ...../10   Anspannung ...../10   Angst ...../10
                                              Schuld ...../10

Welche Gedanken sind gerade besonders präsent?

....
....
....

Sind diese Gedanken (wirklich) realistisch?

....
....

<u>Reminder:</u> Du bist nicht deine Gedanken! Sie können dir nichts tun! Versuche dich von ihnen zu distanzieren, wenn sie dir nicht guttun. Achte auf dich!

Darauf freue ich mich heute besonders:

....
....

Diese postitive(n) Aktivität(en) möchte ich heute machen:

....
....
....

Was für ein ToDo möchte ich heute unbedingt umsetzen?

....
....

Wenn ich das erledigt habe, gönne ich mir das Folgende:

....

Etwas Schönes, das ich mir schon viel zu lange nicht mehr selbst gesagt habe und es hiermit tue:

....
....

Geplante Soziale Kontakte für heute:

telefonieren:..
Sozial Media:..
Reallife:..

Um diese Uhrzeit möchte ich heute an die frische Luft gehen: ....Uhr

Atme einmal tief durch. Schließe deine Augen. Richte dann deine Aufmerksamkeit auf dein Innerstes. Welche zwei Gefühle sind gerade in dir präsent?

....
....

Wie äußern sich diese Gefühle körperlich?

....
....

Woher könnten sie kommen?

....
....
....
....

Raum für deine Gedanken und Notizen:

....
....
....
....
....
....
....

Hab einen schönen Tag und versuche etwas Schönes in ihm zu sehen! Bleib stark!

Der heutige Tag neigt sich dem Ende zu

Habe ich das ToDo erledigt, das ich machen wollte?   ☐ Ja ☐ Nein
Wenn nein, was habe ich stattdessen getan?

....
....

Bin ich heute an der frischen Luft gewesen?   ☐ Ja ☐ Nein
Wenn nein, warum nicht?

....

Bin ich heute körperlich aktiv gewesen? Wenn ja, was habe ich gemacht?

....

Was habe ich heute für die Pflege meines Körpers getan?

....

Habe ich mir heute etwas Gutes getan? Wenn ja, was? Wenn nein, warum nicht?

....
....

Welche positiven Aktivitäten habe ich heute gemacht? Was habe ich heute gemacht, das mir (früher) Freude gemacht hat?

....
....

Habe ich heute soziale Kontakte gepflegt? Wenn nein, warum? Wenn ja, mit wem?

....

Habe ich heute auf meine Grenzen geachtet? Oder habe ich stattdessen etwas gemacht, bei dem ich lieber „Nein" hätte sagen sollen? In welchen Situationen?

....
....
....

Wann ging es mir heute besonders gut und warum?

....
....
....

Freue ich mich morgen auf etwas bestimmtes? Auf was?

....
....

Werde ich morgen etwas anders machen als heute? Wenn ja, was?

....
....

Das kann ich tun, wenn ich heute nicht einschlafen kann:

....
....

Mood tracker:

Energie ...../10   Traurigkeit   Verzweiflung...../10
Freude ...../10   ...../10
Antrieb ...../10   Anspannung   Scham ...../10
                      ...../10   Angst ...../10
                                          Schuld ...../10

Atme einmal tief durch. Schließe deine Augen. Richte dann deine Aufmerksamkeit auf dein Innerstes. Welche drei Gefühle sind gerade vorrangig in dir präsent?

....
....
....

Das hat mich heute am meisten beschäftigt:

....
....
....

Damit darf ich heute abschließen. Morgen kann ich mir darüber noch immer Gedanken machen. Jetzt darf ich aber zur Ruhe kommen.

Raum für Gedanken und Notizen:

....
....
....
....
....
....
....

Heute ist ein neuer Tag!

Datum: .... aufgestanden um
Wochentag: ....Uhr

eingeschlafen um   insg. Schlafdauer
............Uhr   .....h........min

Ich habe heute ☐ gut geschlafen ☐ schlecht geschlafen wegen

☐ Alpträume   ☐ Durchschlafstörungen
☐ Einschlafstörungen   ☐ frühzeitiges Aufwachen

<u>Mood tracker:</u>

Energie ..../10   Traurigkeit......./10   Verzweiflung....../10
Freude ....../10   Anspannung ....../10   Scham ....../10
Antrieb ....../10   Angst ....../10
                                                   Schuld ....../10

Welche Gedanken sind gerade besonders präsent?

....
....
....

Sind diese Gedanken (wirklich) realistisch?

....
....

Reminder: Du bist nicht deine Gedanken! Sie können dir nichts tun! Versuche dich von ihnen zu distanzieren, wenn sie dir nicht guttun. Achte auf dich!

Darauf freue ich mich heute besonders:

....
....

Diese postitive(n) Aktivität(en) möchte ich heute machen:

....
....
....

Was für ein ToDo möchte ich heute unbedingt umsetzen?

....
....

Wenn ich das erledigt habe, gönne ich mir das Folgende:

....

Etwas Schönes, das ich mir schon viel zu lange nicht mehr selbst gesagt habe und es hiermit tue:

....
....

Geplante Soziale Kontakte für heute:

telefonieren:..
Sozial Media:..
Reallife:..

Um diese Uhrzeit möchte ich heute an die frische Luft gehen: ....Uhr

Atme einmal tief durch. Schließe deine Augen. Richte dann deine Aufmerksamkeit auf dein Innerstes. Welche zwei Gefühle sind gerade in dir präsent?

....

....

Wie äußern sich diese Gefühle körperlich?

....

....

Woher könnten sie kommen?

....

....

....

....

Raum für deine Gedanken und Notizen:

....
....
....
....
....
....
....

Hab einen schönen Tag und versuche etwas Schönes in ihm zu sehen! Bleib stark!

Der heutige Tag neigt sich dem Ende zu

Habe ich das ToDo erledigt, das ich machen wollte?　☐ Ja ☐ Nein

Wenn nein, was habe ich stattdessen getan?

....
....

Bin ich heute an der frischen Luft gewesen?　☐ Ja ☐ Nein

Wenn nein, warum nicht?

....

Bin ich heute körperlich aktiv gewesen? Wenn ja, was habe ich gemacht?

....

Was habe ich heute für die Pflege meines Körpers getan?

....

Habe ich mir heute etwas Gutes getan? Wenn ja, was? Wenn nein, warum nicht?

....
....

Welche positiven Aktivitäten habe ich heute gemacht? Was habe ich heute gemacht, das mir (früher) Freude gemacht hat?

....
....

Habe ich heute soziale Kontakte gepflegt? Wenn nein, warum? Wenn ja, mit wem?

....

Habe ich heute auf meine Grenzen geachtet? Oder habe ich stattdessen etwas gemacht, bei dem ich lieber „Nein" hätte sagen sollen? In welchen Situationen?

....
....
....

Wann ging es mir heute besonders gut und warum?

....
....
....

Freue ich mich morgen auf etwas bestimmtes? Auf was?

....
....

Werde ich morgen etwas anders machen als heute? Wenn ja, was?

....
....

Das kann ich tun, wenn ich heute nicht einschlafen kann:

....
....

<u>Mood tracker:</u>

Energie ...../10   Traurigkeit   Verzweiflung...../10
Freude ...../10   ...../10
Antrieb ...../10   Anspannung   Scham ...../10
                       ...../10   Angst ...../10
                                            Schuld ...../10

Atme einmal tief durch. Schließe deine Augen. Richte dann deine Aufmerksamkeit auf dein Innerstes. Welche drei Gefühle sind gerade vorrangig in dir präsent?

....
....
....

Das hat mich heute am meisten beschäftigt:

....
....
....

Damit darf ich heute abschließen. Morgen kann ich mir darüber noch immer Gedanken machen. Jetzt darf ich aber zur Ruhe kommen.

Raum für Gedanken und Notizen:

....
....
....
....
....
....
....

Heute ist ein neuer Tag!

Datum: ....   aufgestanden um
Wochentag: ....Uhr

eingeschlafen um   insg. Schlafdauer
............Uhr   .....h........min

Ich habe heute ☐ gut geschlafen ☐ schlecht geschlafen wegen

☐ Alpträume   ☐ Durchschlafstörungen
☐ Einschlafstörungen   ☐ frühzeitiges Aufwachen

Mood tracker:

Energie ....../10   Traurigkeit....../10   Verzweiflung...../10
Freude ...../10   Anspannung ...../10   Scham   ...../10
Antrieb ...../10   Angst   ...../10
                                               Schuld ...../10

Welche Gedanken sind gerade besonders präsent?

....
....
....

Sind diese Gedanken (wirklich) realistisch?

....
....

Reminder: Du bist nicht deine Gedanken! Sie können dir nichts tun! Versuche dich von ihnen zu distanzieren, wenn sie dir nicht guttun. Achte auf dich!

Darauf freue ich mich heute besonders:

....
....

Diese postitive(n) Aktivität(en) möchte ich heute machen:

....
....
....

Was für ein ToDo möchte ich heute unbedingt umsetzen?

....
....

Wenn ich das erledigt habe, gönne ich mir das Folgende:

....

Etwas Schönes, das ich mir schon viel zu lange nicht mehr selbst gesagt habe und es hiermit tue:

....
....

Geplante Soziale Kontakte für heute:

telefonieren:..
Sozial Media:...
Reallife:...

Um diese Uhrzeit möchte ich heute an die frische Luft gehen:
............Uhr

Atme einmal tief durch. Schließe deine Augen. Richte dann deine Aufmerksamkeit auf dein Innerstes. Welche zwei Gefühle sind gerade in dir präsent?

....

....

Wie äußern sich diese Gefühle körperlich?

....

....

Woher könnten sie kommen?

....

....

....

....

Raum für deine Gedanken und Notizen:

....

....

....

....

....

....

....

Hab einen schönen Tag und versuche etwas Schönes in ihm zu sehen! Bleib stark!

Der heutige Tag neigt sich dem Ende zu

Habe ich das ToDo erledigt, das ich machen wollte? ☐ Ja ☐ Nein
Wenn nein, was habe ich stattdessen getan?

....
....

Bin ich heute an der frischen Luft gewesen? ☐ Ja ☐ Nein
Wenn nein, warum nicht?

....

Bin ich heute körperlich aktiv gewesen? Wenn ja, was habe ich gemacht?

....

Was habe ich heute für die Pflege meines Körpers getan?

....

Habe ich mir heute etwas Gutes getan? Wenn ja, was? Wenn nein, warum nicht?

....
....

Welche positiven Aktivitäten habe ich heute gemacht? Was habe ich heute gemacht, das mir (früher) Freude gemacht hat?

....
....

Habe ich heute soziale Kontakte gepflegt? Wenn nein, warum? Wenn ja, mit wem?

....

Habe ich heute auf meine Grenzen geachtet? Oder habe ich stattdessen etwas gemacht, bei dem ich lieber „Nein" hätte sagen sollen? In welchen Situationen?

....
....
....

Wann ging es mir heute besonders gut und warum?

....
....
....

Freue ich mich morgen auf etwas bestimmtes? Auf was?

....
....

Werde ich morgen etwas anders machen als heute? Wenn ja, was?

....
....

Das kann ich tun, wenn ich heute nicht einschlafen kann:

....
....

Mood tracker:

Energie ...../10   Traurigkeit   Verzweiflung...../10
Freude ...../10   ...../10
Antrieb ...../10   Anspannung   Scham ...../10
                      ...../10   Angst ...../10
                                           Schuld ...../10

Atme einmal tief durch. Schließe deine Augen. Richte dann deine Aufmerksamkeit auf dein Innerstes. Welche drei Gefühle sind gerade vorrangig in dir präsent?

....
....
....

Das hat mich heute am meisten beschäftigt:

....
....
....

Damit darf ich heute abschließen. Morgen kann ich mir darüber noch immer Gedanken machen. Jetzt darf ich aber zur Ruhe kommen.

Raum für Gedanken und Notizen:

....
....
....
....
....
....
....

Heute ist ein neuer Tag!

Datum: .... aufgestanden um
Wochentag: ....Uhr
eingeschlafen um insg. Schlafdauer
............Uhr .....h........min

Ich habe heute ☐ gut geschlafen ☐ schlecht geschlafen wegen

☐ Alpträumen ☐ Durchschlafstörungen
☐ Einschlafstörungen ☐ frühzeitiges Aufwachen

<u>Mood tracker:</u>

Energie ..../10   Traurigkeit....../10   Verzweiflung...../10
Freude ..../10   Anspannung ...../10   Scham ....../10
Antrieb ....../10   Angst ....../10
                                            Schuld ....../10

Welche Gedanken sind gerade besonders präsent?

....
....
....

Sind diese Gedanken (wirklich) realistisch?

....
....

Reminder: Du bist nicht deine Gedanken! Sie können dir nichts tun! Versuche dich von ihnen zu distanzieren, wenn sie dir nicht guttun. Achte auf dich!

Darauf freue ich mich heute besonders:

....
....

Diese postitive(n) Aktivität(en) möchte ich heute machen:

....
....
....

Was für ein ToDo möchte ich heute unbedingt umsetzen?

....
....

Wenn ich das erledigt habe, gönne ich mir das Folgende:

....

Etwas Schönes, das ich mir schon viel zu lange nicht mehr selbst gesagt habe und es hiermit tue:

....
....

Geplante Soziale Kontakte für heute:

telefonieren:..
Sozial Media:..
Reallife:..

Um diese Uhrzeit möchte ich heute an die frische Luft gehen:
............Uhr

Atme einmal tief durch. Schließe deine Augen. Richte dann deine Aufmerksamkeit auf dein Innerstes. Welche zwei Gefühle sind gerade in dir präsent?

....
....

Wie äußern sich diese Gefühle körperlich?

....
....

Woher könnten sie kommen?

....
....
....
....

Raum für deine Gedanken und Notizen:

....
....
....
....
....
....
....

Hab einen schönen Tag und versuche etwas Schönes in ihm zu sehen! Bleib stark!

Der heutige Tag neigt sich dem Ende zu

Habe ich das ToDo erledigt, das ich machen wollte?   ☐ Ja ☐ Nein
Wenn nein, was habe ich stattdessen getan?

....

....

Bin ich heute an der frischen Luft gewesen?   ☐ Ja ☐ Nein
Wenn nein, warum nicht?

....

Bin ich heute körperlich aktiv gewesen? Wenn ja, was habe ich gemacht?

....

Was habe ich heute für die Pflege meines Körpers getan?

....

Habe ich mir heute etwas Gutes getan? Wenn ja, was? Wenn nein, warum nicht?

....

....

Welche positiven Aktivitäten habe ich heute gemacht? Was habe ich heute gemacht, das mir (früher) Freude gemacht hat?

....

....

Habe ich heute soziale Kontakte gepflegt? Wenn nein, warum? Wenn ja, mit wem?

....

Habe ich heute auf meine Grenzen geachtet? Oder habe ich stattdessen etwas gemacht, bei dem ich lieber „Nein" hätte sagen sollen? In welchen Situationen?

....
....
....

Wann ging es mir heute besonders gut und warum?

....
....
....

Freue ich mich morgen auf etwas bestimmtes? Auf was?

....
....

Werde ich morgen etwas anders machen als heute? Wenn ja, was?

....
....

Das kann ich tun, wenn ich heute nicht einschlafen kann:

....
....

<u>Mood tracker:</u>

Energie ...../10   Traurigkeit   Verzweiflung...../10
Freude ...../10   ...../10   Scham ...../10
Antrieb ...../10   Anspannung   Angst ...../10
                      ...../10   Schuld ...../10

Atme einmal tief durch. Schließe deine Augen. Richte dann deine Aufmerksamkeit auf dein Innerstes. Welche drei Gefühle sind gerade vorrangig in dir präsent?

....
....
....

Das hat mich heute am meisten beschäftigt:

....
....
....

Damit darf ich heute abschließen. Morgen kann ich mir darüber noch immer Gedanken machen. Jetzt darf ich aber zur Ruhe kommen.

Raum für Gedanken und Notizen:

....
....
....
....
....
....
....

Heute ist ein neuer Tag!

Datum: .... aufgestanden um
Wochentag: ....Uhr

eingeschlafen um insg. Schlafdauer
............Uhr .....h........min

Ich habe heute ☐ gut geschlafen ☐ schlecht geschlafen wegen

☐ Alpträume ☐ Durchschlafstörungen
☐ Einschlafstörungen ☐ frühzeitiges Aufwachen

Mood tracker:

Energie ....../10   Traurigkeit....../10   Verzweiflung...../10
Freude ...../10   Anspannung ...../10   Scham ...../10
Antrieb ...../10   Angst ...../10
                                             Schuld ...../10

Welche Gedanken sind gerade besonders präsent?

....
....
....

Sind diese Gedanken (wirklich) realistisch?

....
....

Reminder: Du bist nicht deine Gedanken! Sie können dir nichts tun! Versuche dich von ihnen zu distanzieren, wenn sie dir nicht guttun. Achte auf dich!

Darauf freue ich mich heute besonders:

....
....

Diese postitive(n) Aktivität(en) möchte ich heute machen:

....
....
....

Was für ein ToDo möchte ich heute unbedingt umsetzen?

....
....

Wenn ich das erledigt habe, gönne ich mir das Folgende:

....

Etwas Schönes, das ich mir schon viel zu lange nicht mehr selbst gesagt habe und es hiermit tue:

....
....

Geplante Soziale Kontakte für heute:

telefonieren:..
Sozial Media:...
Reallife:..

Um diese Uhrzeit möchte ich heute an die frische Luft gehen: ………….Uhr

Atme einmal tief durch. Schließe deine Augen. Richte dann deine Aufmerksamkeit auf dein Innerstes. Welche zwei Gefühle sind gerade in dir präsent?

……………………………….
……………………………….

Wie äußern sich diese Gefühle körperlich?

………………………………………………………………….
………………………………………………………………….

Woher könnten sie kommen?

………………………………………………………………………..
………………………………………………….
………………………………………………………………………..
………………………………………………….

Raum für deine Gedanken und Notizen:

………………………………………………………………………..
………………………………………………………………………..
………………………………………………………………………..
………………………………………………………………………..
………………………………………………………………………..
………………………………………………………………………..
……………………………………………………….

Hab einen schönen Tag und versuche etwas Schönes in ihm zu sehen! Bleib stark!

Der heutige Tag neigt sich dem Ende zu

Habe ich das ToDo erledigt, das ich machen wollte?   ☐ Ja ☐ Nein
Wenn nein, was habe ich stattdessen getan?

....
....

Bin ich heute an der frischen Luft gewesen?   ☐ Ja ☐ Nein
Wenn nein, warum nicht?

....

Bin ich heute körperlich aktiv gewesen? Wenn ja, was habe ich gemacht?

....

Was habe ich heute für die Pflege meines Körpers getan?

....

Habe ich mir heute etwas Gutes getan? Wenn ja, was? Wenn nein, warum nicht?

....
....

Welche positiven Aktivitäten habe ich heute gemacht? Was habe ich heute gemacht, das mir (früher) Freude gemacht hat?

....
....

Habe ich heute soziale Kontakte gepflegt? Wenn nein, warum? Wenn ja, mit wem?

....

Habe ich heute auf meine Grenzen geachtet? Oder habe ich stattdessen etwas gemacht, bei dem ich lieber „Nein" hätte sagen sollen? In welchen Situationen?

....
....
....

Wann ging es mir heute besonders gut und warum?

....
....
....

Freue ich mich morgen auf etwas bestimmtes? Auf was?

....
....

Werde ich morgen etwas anders machen als heute? Wenn ja, was?

....
....

Das kann ich tun, wenn ich heute nicht einschlafen kann:

....
....

<u>Mood tracker:</u>

Energie ...../10   Traurigkeit ...../10   Verzweiflung...../10
Freude ...../10   Anspannung ...../10   Scham ...../10
Antrieb ...../10   Angst ...../10
                                            Schuld ...../10

Atme einmal tief durch. Schließe deine Augen. Richte dann deine Aufmerksamkeit auf dein Innerstes. Welche drei Gefühle sind gerade vorrangig in dir präsent?

....
....
....

Das hat mich heute am meisten beschäftigt:

....
....
....

Damit darf ich heute abschließen. Morgen kann ich mir darüber noch immer Gedanken machen. Jetzt darf ich aber zur Ruhe kommen.

Raum für Gedanken und Notizen:

....
....
....
....
....
....
....

Heute ist ein neuer Tag!

Datum: .... aufgestanden um
Wochentag: ....Uhr
                                 insg. Schlafdauer
eingeschlafen um   .....h........min
............Uhr

Ich habe heute ☐ gut geschlafen ☐ schlecht geschlafen wegen

☐ Alpträumen   ☐ Durchschlafstörungen
☐ Einschlafstörungen   ☐ frühzeitiges Aufwachen

<u>Mood tracker:</u>

Energie ....../10   Traurigkeit....../10   Verzweiflung....../10
Freude ....../10   Scham ....../10
Antrieb ....../10   Anspannung ....../10   Angst ....../10
                                                Schuld ....../10

Welche Gedanken sind gerade besonders präsent?

....
....
....

Sind diese Gedanken (wirklich) realistisch?

....
....

Reminder: Du bist nicht deine Gedanken! Sie können dir nichts tun! Versuche dich von ihnen zu distanzieren, wenn sie dir nicht guttun. Achte auf dich!

Darauf freue ich mich heute besonders:

....

....

Diese postitive(n) Aktivität(en) möchte ich heute machen:

....

....

....

Was für ein ToDo möchte ich heute unbedingt umsetzen?

....

....

Wenn ich das erledigt habe, gönne ich mir das Folgende:

....

Etwas Schönes, das ich mir schon viel zu lange nicht mehr selbst gesagt habe und es hiermit tue:

....

....

Geplante Soziale Kontakte für heute:

telefonieren:..
Sozial Media:..
Reallife:..

Um diese Uhrzeit möchte ich heute an die frische Luft gehen: ....Uhr

Atme einmal tief durch. Schließe deine Augen. Richte dann deine Aufmerksamkeit auf dein Innerstes. Welche zwei Gefühle sind gerade in dir präsent?

....
....

Wie äußern sich diese Gefühle körperlich?

....
....

Woher könnten sie kommen?

....
....
....
....

Raum für deine Gedanken und Notizen:

....
....
....
....
....
....
....

Hab einen schönen Tag und versuche etwas Schönes in ihm zu sehen! Bleib stark!

Der heutige Tag neigt sich dem Ende zu

Habe ich das ToDo erledigt, das ich machen wollte?   ☐ Ja ☐ Nein
Wenn nein, was habe ich stattdessen getan?

....

....

Bin ich heute an der frischen Luft gewesen?   ☐ Ja ☐ Nein
Wenn nein, warum nicht?

....

Bin ich heute körperlich aktiv gewesen? Wenn ja, was habe ich gemacht?

....

Was habe ich heute für die Pflege meines Körpers getan?

....

Habe ich mir heute etwas Gutes getan? Wenn ja, was? Wenn nein, warum nicht?

....

....

Welche positiven Aktivitäten habe ich heute gemacht? Was habe ich heute gemacht, das mir (früher) Freude gemacht hat?

....

....

Habe ich heute soziale Kontakte gepflegt? Wenn nein, warum? Wenn ja, mit wem?

....

Habe ich heute auf meine Grenzen geachtet? Oder habe ich stattdessen etwas gemacht, bei dem ich lieber „Nein" hätte sagen sollen? In welchen Situationen?

....
....
....

Wann ging es mir heute besonders gut und warum?

....
....
....

Freue ich mich morgen auf etwas bestimmtes? Auf was?

....
....

Werde ich morgen etwas anders machen als heute? Wenn ja, was?

....
....

Das kann ich tun, wenn ich heute nicht einschlafen kann:

....
....

<u>Mood tracker:</u>

Energie ...../10   Traurigkeit   Verzweiflung...../10
Freude ...../10   ...../10   Scham ...../10
Antrieb ...../10   Anspannung   Angst ...../10
                     ...../10   Schuld ...../10

Atme einmal tief durch. Schließe deine Augen. Richte dann deine Aufmerksamkeit auf dein Innerstes. Welche drei Gefühle sind gerade vorrangig in dir präsent?

....
....
....

Das hat mich heute am meisten beschäftigt:

....
....
....

Damit darf ich heute abschließen. Morgen kann ich mir darüber noch immer Gedanken machen. Jetzt darf ich aber zur Ruhe kommen.

Raum für Gedanken und Notizen:

....
....
....
....
....
....
....

Heute ist ein neuer Tag!

Datum: .... aufgestanden um
Wochentag: ....Uhr

eingeschlafen um   insg. Schlafdauer
............Uhr   .....h........min

Ich habe heute ☐ gut geschlafen ☐ schlecht geschlafen wegen

☐ Alpträume   ☐ Durchschlafstörungen
☐ Einschlafstörungen ☐ frühzeitiges Aufwachen

Mood tracker:

Energie ....../10   Traurigkeit....../10   Verzweiflung...../10
Freude ...../10
Antrieb ...../10   Anspannung ...../10   Scham ...../10
                                              Angst ...../10
                                              Schuld ...../10

Welche Gedanken sind gerade besonders präsent?

....
....
....

Sind diese Gedanken (wirklich) realistisch?

....
....

Reminder: Du bist nicht deine Gedanken! Sie können dir nichts tun! Versuche dich von ihnen zu distanzieren, wenn sie dir nicht guttun. Achte auf dich!

Darauf freue ich mich heute besonders:

....
....

Diese postitive(n) Aktivität(en) möchte ich heute machen:

....
....
....

Was für ein ToDo möchte ich heute unbedingt umsetzen?

....
....

Wenn ich das erledigt habe, gönne ich mir das Folgende:

....

Etwas Schönes, das ich mir schon viel zu lange nicht mehr selbst gesagt habe und es hiermit tue:

....
....

Geplante Soziale Kontakte für heute:

telefonieren:...
Sozial Media:...
Reallife:..

Um diese Uhrzeit möchte ich heute an die frische Luft gehen: ....Uhr

Atme einmal tief durch. Schließe deine Augen. Richte dann deine Aufmerksamkeit auf dein Innerstes. Welche zwei Gefühle sind gerade in dir präsent?

....

....

Wie äußern sich diese Gefühle körperlich?

....

....

Woher könnten sie kommen?

....

....

....

....

Raum für deine Gedanken und Notizen:

....
....
....
....
....
....
....

Hab einen schönen Tag und versuche etwas Schönes in ihm zu sehen! Bleib stark!

Der heutige Tag neigt sich dem Ende zu

Habe ich das ToDo erledigt, das ich machen wollte? ☐ Ja ☐ Nein
Wenn nein, was habe ich stattdessen getan?

....
....

Bin ich heute an der frischen Luft gewesen? ☐ Ja ☐ Nein
Wenn nein, warum nicht?

....

Bin ich heute körperlich aktiv gewesen? Wenn ja, was habe ich gemacht?

....

Was habe ich heute für die Pflege meines Körpers getan?

....

Habe ich mir heute etwas Gutes getan? Wenn ja, was? Wenn nein, warum nicht?

....
....

Welche positiven Aktivitäten habe ich heute gemacht? Was habe ich heute gemacht, das mir (früher) Freude gemacht hat?

....
....

Habe ich heute soziale Kontakte gepflegt? Wenn nein, warum? Wenn ja, mit wem?

....

Habe ich heute auf meine Grenzen geachtet? Oder habe ich stattdessen etwas gemacht, bei dem ich lieber „Nein" hätte sagen sollen? In welchen Situationen?

....
....
....

Wann ging es mir heute besonders gut und warum?

....
....
....

Freue ich mich morgen auf etwas bestimmtes? Auf was?

....
....

Werde ich morgen etwas anders machen als heute? Wenn ja, was?

....
....

Das kann ich tun, wenn ich heute nicht einschlafen kann:

....
....

<u>Mood tracker:</u>

Energie ...../10	Traurigkeit ...../10	Verzweiflung...../10
Freude ...../10	Anspannung ...../10	Scham ...../10
Antrieb ...../10		Angst ...../10
		Schuld ...../10

Atme einmal tief durch. Schließe deine Augen. Richte dann deine Aufmerksamkeit auf dein Innerstes. Welche drei Gefühle sind gerade vorrangig in dir präsent?

....
....
....

Das hat mich heute am meisten beschäftigt:

....
....
....

Damit darf ich heute abschließen. Morgen kann ich mir darüber noch immer Gedanken machen. Jetzt darf ich aber zur Ruhe kommen.

Raum für Gedanken und Notizen:

....
....
....
....
....
....
....

Heute ist ein neuer Tag!

Datum: .... aufgestanden um
Wochentag: ....Uhr

eingeschlafen um
............Uhr
insg. Schlafdauer
.....h........min

Ich habe heute ☐ gut geschlafen ☐ schlecht geschlafen wegen

   ☐ Albträumen   ☐ Durchschlafstörungen
   ☐ Einschlafstörungen   ☐ frühzeitiges Aufwachen

<u>Mood tracker:</u>

Energie ....../10   Traurigkeit....../10   Verzweiflung....../10
Freude ....../10   Scham ....../10
Antrieb ....../10   Anspannung   Angst ....../10
                                    ....../10   Schuld ....../10

Welche Gedanken sind gerade besonders präsent?

....
....
....

Sind diese Gedanken (wirklich) realistisch?

....
....

Reminder: Du bist nicht deine Gedanken! Sie können dir nichts tun! Versuche dich von ihnen zu distanzieren, wenn sie dir nicht guttun. Achte auf dich!

Darauf freue ich mich heute besonders:

....
....

Diese postitive(n) Aktivität(en) möchte ich heute machen:

....
....
....

Was für ein ToDo möchte ich heute unbedingt umsetzen?

....
....

Wenn ich das erledigt habe, gönne ich mir das Folgende:

....

Etwas Schönes, das ich mir schon viel zu lange nicht mehr selbst gesagt habe und es hiermit tue:

....
....

Geplante Soziale Kontakte für heute:

telefonieren:..
Sozial Media:..
Reallife:..

Um diese Uhrzeit möchte ich heute an die frische Luft gehen: ....Uhr

Atme einmal tief durch. Schließe deine Augen. Richte dann deine Aufmerksamkeit auf dein Innerstes. Welche zwei Gefühle sind gerade in dir präsent?

....

....

Wie äußern sich diese Gefühle körperlich?

....

....

Woher könnten sie kommen?

....

....

....

....

Raum für deine Gedanken und Notizen:

....

....

....

....

....

....

....

Hab einen schönen Tag und versuche etwas Schönes in ihm zu sehen! Bleib stark!

Der heutige Tag neigt sich dem Ende zu

Habe ich das ToDo erledigt, das ich machen wollte?   ☐ Ja ☐ Nein
Wenn nein, was habe ich stattdessen getan?

....
....

Bin ich heute an der frischen Luft gewesen?   ☐ Ja ☐ Nein
Wenn nein, warum nicht?

....

Bin ich heute körperlich aktiv gewesen? Wenn ja, was habe ich gemacht?

....

Was habe ich heute für die Pflege meines Körpers getan?

....

Habe ich mir heute etwas Gutes getan? Wenn ja, was? Wenn nein, warum nicht?

....
....

Welche positiven Aktivitäten habe ich heute gemacht? Was habe ich heute gemacht, das mir (früher) Freude gemacht hat?

....
....

Habe ich heute soziale Kontakte gepflegt? Wenn nein, warum? Wenn ja, mit wem?

....

Habe ich heute auf meine Grenzen geachtet? Oder habe ich stattdessen etwas gemacht, bei dem ich lieber „Nein" hätte sagen sollen? In welchen Situationen?

....
....
....

Wann ging es mir heute besonders gut und warum?

....
....
....

Freue ich mich morgen auf etwas bestimmtes? Auf was?

....
....

Werde ich morgen etwas anders machen als heute? Wenn ja, was?

....
....

Das kann ich tun, wenn ich heute nicht einschlafen kann:

....
....

<u>Mood tracker:</u>

Energie ...../10	Traurigkeit ...../10	Verzweiflung...../10
Freude ...../10	Anspannung ...../10	Scham ...../10
Antrieb ...../10		Angst ...../10
		Schuld ...../10

Atme einmal tief durch. Schließe deine Augen. Richte dann deine Aufmerksamkeit auf dein Innerstes. Welche drei Gefühle sind gerade vorrangig in dir präsent?

....
....
....

Das hat mich heute am meisten beschäftigt:

....
....
....

Damit darf ich heute abschließen. Morgen kann ich mir darüber noch immer Gedanken machen. Jetzt darf ich aber zur Ruhe kommen.

Raum für Gedanken und Notizen:

....
....
....
....
....
....
....

Heute ist ein neuer Tag!

Datum: .... aufgestanden um
Wochentag: ....Uhr

eingeschlafen um insg. Schlafdauer
............Uhr .....h........min

Ich habe heute ☐ gut geschlafen ☐ schlecht geschlafen wegen

☐ Alpträume ☐ Durchschlafstörungen
☐ Einschlafstörungen ☐ frühzeitiges Aufwachen

Mood tracker:

Energie ....../10   Traurigkeit....../10   Verzweiflung...../10
Freude ....../10   Scham ....../10
Antrieb ....../10   Anspannung ....../10   Angst ....../10
                                              Schuld ....../10

Welche Gedanken sind gerade besonders präsent?

....
....
....

Sind diese Gedanken (wirklich) realistisch?

....
....

Reminder: Du bist nicht deine Gedanken! Sie können dir nichts tun! Versuche dich von ihnen zu distanzieren, wenn sie dir nicht guttun. Achte auf dich!

Darauf freue ich mich heute besonders:

....
....

Diese postitive(n) Aktivität(en) möchte ich heute machen:

....
....
....

Was für ein ToDo möchte ich heute unbedingt umsetzen?

....
....

Wenn ich das erledigt habe, gönne ich mir das Folgende:

....

Etwas Schönes, das ich mir schon viel zu lange nicht mehr selbst gesagt habe und es hiermit tue:

....
....

Geplante Soziale Kontakte für heute:

telefonieren:..
Sozial Media:..
Reallife:..

Um diese Uhrzeit möchte ich heute an die frische Luft gehen:
............Uhr

Atme einmal tief durch. Schließe deine Augen. Richte dann deine Aufmerksamkeit auf dein Innerstes. Welche zwei Gefühle sind gerade in dir präsent?

....
....

Wie äußern sich diese Gefühle körperlich?

....
....

Woher könnten sie kommen?

....
....
....
....

Raum für deine Gedanken und Notizen:

....
....
....
....
....
....
....

Hab einen schönen Tag und versuche etwas Schönes in ihm zu sehen! Bleib stark!

Der heutige Tag neigt sich dem Ende zu

Habe ich das ToDo erledigt, das ich machen wollte?   ☐ Ja ☐ Nein
Wenn nein, was habe ich stattdessen getan?

....
....

Bin ich heute an der frischen Luft gewesen?   ☐ Ja ☐ Nein
Wenn nein, warum nicht?

....

Bin ich heute körperlich aktiv gewesen? Wenn ja, was habe ich gemacht?

....

Was habe ich heute für die Pflege meines Körpers getan?

....

Habe ich mir heute etwas Gutes getan? Wenn ja, was? Wenn nein, warum nicht?

....
....

Welche positiven Aktivitäten habe ich heute gemacht? Was habe ich heute gemacht, das mir (früher) Freude gemacht hat?

....
....

Habe ich heute soziale Kontakte gepflegt? Wenn nein, warum? Wenn ja, mit wem?

....

Habe ich heute auf meine Grenzen geachtet? Oder habe ich stattdessen etwas gemacht, bei dem ich lieber „Nein" hätte sagen sollen? In welchen Situationen?

....
....
....

Wann ging es mir heute besonders gut und warum?

....
....
....

Freue ich mich morgen auf etwas bestimmtes? Auf was?

....
....

Werde ich morgen etwas anders machen als heute? Wenn ja, was?

....
....

Das kann ich tun, wenn ich heute nicht einschlafen kann:

....
....

<u>Mood tracker:</u>

Energie ...../10   Traurigkeit   Verzweiflung...../10
Freude ...../10   ...../10
Antrieb ...../10   Anspannung   Scham ...../10
                    ...../10   Angst ...../10
                                      Schuld ...../10

Atme einmal tief durch. Schließe deine Augen. Richte dann deine Aufmerksamkeit auf dein Innerstes. Welche drei Gefühle sind gerade vorrangig in dir präsent?

....
....
....

Das hat mich heute am meisten beschäftigt:

....
....
....

Damit darf ich heute abschließen. Morgen kann ich mir darüber noch immer Gedanken machen. Jetzt darf ich aber zur Ruhe kommen.

Raum für Gedanken und Notizen:

....
....
....
....
....
....
....

Heute ist ein neuer Tag!

Datum: ....
Wochentag: ....

eingeschlafen um
............Uhr

aufgestanden um
............Uhr

insg. Schlafdauer
.....h........min

Ich habe heute ☐ gut geschlafen ☐ schlecht geschlafen wegen

☐ Alpträume ☐ Durchschlafstörungen
☐ Einschlafstörungen ☐ frühzeitiges Aufwachen

<u>Mood tracker:</u>

Energie ..../10
Freude ....../10
Antrieb ....../10

Traurigkeit......./10
Anspannung ....../10

Verzweiflung...../10
Scham ....../10
Angst ....../10
Schuld ....../10

Welche Gedanken sind gerade besonders präsent?

....
....
....

Sind diese Gedanken (wirklich) realistisch?

....
....

<u>Reminder:</u> Du bist nicht deine Gedanken! Sie können dir nichts tun! Versuche dich von ihnen zu distanzieren, wenn sie dir nicht guttun. Achte auf dich!

Darauf freue ich mich heute besonders:

....
....

Diese postitive(n) Aktivität(en) möchte ich heute machen:

....
....
....

Was für ein ToDo möchte ich heute unbedingt umsetzen?

....
....

Wenn ich das erledigt habe, gönne ich mir das Folgende:

....

Etwas Schönes, das ich mir schon viel zu lange nicht mehr selbst gesagt habe und es hiermit tue:

....
....

Geplante Soziale Kontakte für heute:

telefonieren:..
Sozial Media:...
Reallife:..

Um diese Uhrzeit möchte ich heute an die frische Luft gehen: ....Uhr

Atme einmal tief durch. Schließe deine Augen. Richte dann deine Aufmerksamkeit auf dein Innerstes. Welche zwei Gefühle sind gerade in dir präsent?

....

....

Wie äußern sich diese Gefühle körperlich?

....

....

Woher könnten sie kommen?

....

....

....

....

Raum für deine Gedanken und Notizen:

....

....

....

....

....

....

....

Hab einen schönen Tag und versuche etwas Schönes in ihm zu sehen! Bleib stark!

Der heutige Tag neigt sich dem Ende zu

Habe ich das ToDo erledigt, das ich machen wollte?   ☐ Ja ☐ Nein
Wenn nein, was habe ich stattdessen getan?

....
....

Bin ich heute an der frischen Luft gewesen?   ☐ Ja ☐ Nein
Wenn nein, warum nicht?

....

Bin ich heute körperlich aktiv gewesen? Wenn ja, was habe ich gemacht?

....

Was habe ich heute für die Pflege meines Körpers getan?

....

Habe ich mir heute etwas Gutes getan? Wenn ja, was? Wenn nein, warum nicht?

....
....

Welche positiven Aktivitäten habe ich heute gemacht? Was habe ich heute gemacht, das mir (früher) Freude gemacht hat?

....
....

Habe ich heute soziale Kontakte gepflegt? Wenn nein, warum? Wenn ja, mit wem?

....

Habe ich heute auf meine Grenzen geachtet? Oder habe ich stattdessen etwas gemacht, bei dem ich lieber „Nein" hätte sagen sollen? In welchen Situationen?

....
....
....

Wann ging es mir heute besonders gut und warum?

....
....
....

Freue ich mich morgen auf etwas bestimmtes? Auf was?

....
....

Werde ich morgen etwas anders machen als heute? Wenn ja, was?

....
....

Das kann ich tun, wenn ich heute nicht einschlafen kann:

....
....

<u>Mood tracker:</u>

Energie ...../10   Traurigkeit   Verzweiflung...../10
Freude ...../10   ...../10
Antrieb ...../10   Anspannung   Scham ...../10
                       ...../10   Angst ...../10
                                            Schuld ...../10

Atme einmal tief durch. Schließe deine Augen. Richte dann deine Aufmerksamkeit auf dein Innerstes. Welche drei Gefühle sind gerade vorrangig in dir präsent?

....
....
....

Das hat mich heute am meisten beschäftigt:

....
....
....

Damit darf ich heute abschließen. Morgen kann ich mir darüber noch immer Gedanken machen. Jetzt darf ich aber zur Ruhe kommen.

Raum für Gedanken und Notizen:

....
....
....
....
....
....
....